AUMENTE O PODER DO SEU SUBCONSCIENTE

PARA TRAZER RIQUEZA E SUCESSO

DR. JOSEPH MURPHY
ORG. ARTHUR R. PELL, ph.D.

AUMENTE O PODER DO SEU SUBCONSCIENTE
PARA TRAZER RIQUEZA E SUCESSO

Tradução
Evelyn Kay Massaro

1ª edição

Rio de Janeiro | 2023

TÍTULO ORIGINAL
Maximize Your Potential Through the Power of Your Subconscious Mind to Create Wealth and Success

TRADUÇÃO
Evelyn Kay Massaro

REVISÃO
Priscila Catalão

DESIGN DE CAPA
Leticia Quintilhano

CIP-BRASIL. CATALOGAÇÃO NA PUBLICAÇÃO
SINDICATO NACIONAL DOS EDITORES DE LIVROS, RJ

M96a   Murphy, Joseph, 1898-1981
   Aumente o poder do seu subconsciente para trazer riqueza e sucesso / Joseph Murphy; tradução Evelyn Kay Massaro. - 1ª ed. - Rio de Janeiro: BestSeller, 2023

   Tradução de: Maximize your potential through the power of your subconscious mind to create wealth and success
   ISBN 978-65-5712-132-0

   1. Sucesso - Aspectos psicológicos. 2. Riqueza - Aspectos psicológicos. 3. Finanças pessoais. 4. Técnicas de autoajuda. I. Massaro, Evelyn Kay. II. Título.

22-80629
CDD: 154.2
CDU: 159.947.5

Meri Gleice Rodrigues de Souza - Bibliotecária – CRB-7/6439

Texto revisado segundo o novo Acordo Ortográfico da Língua Portuguesa

One of a Series of Six New Books by Joseph Murphy, DD, Ph.D.
Edited and Updated for the 21st century by Arthur R. Pell, Ph.D.

Copyright © 2005 The James A. Boyer Revocable Trust.
Exclusive worldwide rights in all languages available
Only through JMW Group Inc.

Copyright da tradução © 2023 by Editora Best Seller Ltda.

Todos os direitos reservados. Proibida a reprodução,
no todo ou em parte, sem autorização prévia por escrito da editora,
sejam quais forem os meios empregados.

Direitos exclusivos de publicação em língua portuguesa para o Brasil
adquiridos pela
Editora Best Seller Ltda.
Rua Argentina, 171, parte, São Cristóvão
Rio de Janeiro, RJ — 20921-380
que se reserva a propriedade literária desta tradução.

Impresso no Brasil

ISBN 978-65-5712-132-0

Seja um leitor preferencial Record.
Cadastre-se e receba informações sobre nossos
lançamentos e nossas promoções.

Atendimento e venda direta ao leitor:
sac@record.com.br

Sumário

Introdução à série 7

Prefácio 23

Capítulo 1 27
A Chave Mestra para alcançar a riqueza

Capítulo 2 65
Realize seu desejo

Capítulo 3 81
Programando o seu subconsciente

Capítulo 4 111
O maravilhoso poder da decisão

Capítulo 5 149
As maravilhas da imaginação disciplinada

Capítulo 6 183
Nada é de graça

Capítulo 7 215
"Por que aconteceu comigo?"

Capítulo 8 225
O louvor: um meio de conquistar a prosperidade

Capítulo 9..233
Por que suas crenças o fazem ser rico ou pobre

Capítulo 10..247
A Regra de Ouro

Capítulo 11..261
Seu futuro: a arte de antecipar

Introdução à série

Acorde e viva! Ninguém nasceu predestinado a ser infeliz, sofrer devido ao medo e à preocupação, viver com dificuldades financeiras, ter problemas de saúde e sentir-se inferior e rejeitado. Deus criou o ser humano segundo Sua própria semelhança e nos presenteou com o poder de vencer a adversidade e alcançar felicidade, harmonia, saúde e prosperidade.

O poder que enriquecerá sua vida reside em seu próprio interior e o método para utilizá-lo na obtenção de benefícios não é nenhum mistério insondável. Afinal, vem sendo ensinado, registrado e praticado há milênios, e pode ser encontrado nos livros dos antigos filósofos e das grandes religiões. Está nas Escrituras judaicas, no Novo Testamento dos cristãos, no Corão maometano, no Bhagavad Gītā dos hindus e nos textos de Confúcio e Lao Zi. Os teólogos e psicólogos contemporâneos já escreveram centenas de livros para nos ensinar a fazer o poder interior trabalhar em nosso benefício.

Essa é a base da filosofia de Joseph Murphy, um dos maiores e mais aclamados escritores e palestrantes do século XX. Ele não foi apenas um clérigo, mas também uma figura de destaque na moderna interpretação das escrituras e de outros escritos religiosos. Como ministro-diretor da Igreja da Ciência Divina, em Los Angeles, suas palestras e sermões eram assistidos por um grande número de pessoas, entre 1.300 e 1.500, a cada domingo. Milhares de ouvintes sintonizavam seu programa diário no rádio. Ele escreveu mais de trinta livros, dentre os quais, *O poder do subconsciente*, que, publicado pela primeira vez em 1963, tornou-se rapidamente um best-seller, ainda hoje considerado um dos melhores manuais de autoajuda já escritos. Milhões de exemplares foram e continuam sendo vendidos no mundo inteiro.

Devido ao enorme sucesso desse livro, Murphy foi convidado a proferir palestras em vários países e, nessas ocasiões, contava como pessoas comuns haviam conseguido melhorar suas vidas aplicando os princípios ensinados por ele, além de oferecer diretrizes práticas para os interessados em aprender a enriquecer suas existências.

Joseph Murphy foi um dos precursores do movimento *New Thought* (Novo Pensamento), que surgiu no final do século XIX e início do século XX, desenvolvido por muitos filósofos e pensadores que estudaram o fenômeno e ensinaram, praticaram e escreveram sobre um modo novo de encarar a vida. Combinando uma abordagem metafísica, espiritual e pragmática com a maneira como pensamos e vivemos, descobriram o segredo da possibilidade de alcançarmos tudo o que verdadeiramente desejamos. Essa filosofia, que recebeu vários nomes, dentre eles, *New Thought* e *New Civilization* (Nova Civilização), não pretendia ser uma religião no sentido tradicional, mas se fundamentava na crença firme e incondicional da existência de um ser maior, de uma presença eterna, de Deus. Os expositores dessa filosofia pregavam um novo conceito de vida capaz de trazer métodos novos e resultados melhores. Baseavam seu pensamento na ideia de que a alma humana está conectada à mente atômica da substância universal, de que nossa vida tem uma ligação direta com o manancial infinito da abundância, e de que possuímos o poder de usá-lo em nosso benefício. Praticamente todos nós fomos ensinados que precisamos nos esforçar para atingir nossas metas e que o caminho que nos leva até elas é repleto de dores e espinhos. O fato, porém, é que só alcançaremos nossas metas sem sofrimento quando descobrirmos a lei — que aparentemente Deus nos deixou escrita em um código indecifrável — e nos dedicarmos a compreendê-la.

O conceito do Novo Pensamento pode ser resumido nas seguintes palavras:

Você pode se transformar no que deseja ser.

Tudo o que alcançamos ou fracassamos em alcançar é um resultado direto dos nossos pensamentos. Em um universo ordenado de modo tão ajustado, em que a perda do equilíbrio significaria a total destruição, a responsabilidade de cada pessoa tem de ser absoluta. Nossas forças e fraquezas, pureza e impureza são só nossas, de mais ninguém, e, por isso, só podem ser modificadas por nós mesmos. Toda a felicidade e todo o sofrimento têm origem no nosso interior. Somos o que pensamos; se continuarmos a pensar do mesmo jeito, nunca nos modificaremos. Existe um único modo de agir que nos permitirá crescer, conquistar e realizar. Temos de elevar nossos pensamentos. Só continuamos fracos, abjetos e miseráveis quando nos recusamos a modificar nosso modo de pensar.

Todos os feitos, tenham sido realizados no âmbito empresarial, intelectual ou espiritual, são resultado do pensamento dirigido, regidos pela mesma lei e obtidos pelo mesmo método — a única diferença está no objeto que foi alcançado. Acredita-se, porém, que os que conseguem pouco se sacrificam pouco, os que alcançam muito têm de se sacrificar muito, e os que gostariam de conquistar muito mais precisam se sacrificar além da conta.

O Novo Pensamento significa uma nova vida, um modo de viver mais saudável, mais feliz e gratificante em todos os aspectos e expressões possíveis.

Uma "nova vida" está prometida nas milenares e universais leis da mente e no modo como a infinita espiritualidade atuam dentro do coração e da mente de todos os seres humanos.

Na verdade, não existe nada atual no Novo Pensamento, porque ele é tão antigo como a criação do ser humano. Ele passa a ser novo para nós quando descobrimos as verdades da vida que nos libertam da carência, da limitação e da infelicidade. Nesse momento, o Novo Pensamento se torna uma percepção contínua e abrangente do poder criador que existe em nós — dos princípios da mente e de nosso potencial divino para sermos, fazermos e expressarmos nossas capacidades naturais e individuais, nossos talentos e habilidades muito mais amplamente.

O fundamento do princípio da mente é que novos pensamentos, ideias, atitudes e crenças criam novas condições, afinal, "recebemos de acordo com nossas crenças" — sejam elas boas, más ou indiferentes. A essência desse novo modo de pensar é a renovação contínua de nossa mente para sermos testemunhas da perfeita vontade de Deus de nos dar tudo o que é bom e saudável.

Somos a prova da perfeição de Deus quando temos conhecimento e experiência do que é bom. As verdades do Novo Pensamento são simples, fáceis de demonstrar e estão dentro das possibilidades de realização de qualquer pessoa, desde que ela queira e se disponha a colocá-las em prática.

Nada mais é necessário, senão uma mente aberta e um coração receptivo, dispostos a escutar a verdade milenar apresentada de uma maneira nova e diferente, a modificar e a abandonar velhas crenças e a aceitar novas ideias e conceitos. Ou seja, trata-se de ter uma visão mais elevada da vida e a certeza de que existe uma presença curadora no interior de todos os seres humanos.

A renovação da mente é o único propósito e prática do Novo Pensamento. Sem essa renovação contínua, não pode haver mudança. Conquistar um modo novo de pensar significa ganhar uma atitude e uma consciência totalmente novas, capazes de nos inspirar e nos possibilitar entrar em uma "vida mais abundante".

Em nosso interior, temos um poder ilimitado para escolher e decidir, assim como a completa liberdade de utilizá-lo em nosso benefício. Podemos nos conformar ou transformar. Conformarmo-nos é viver de acordo com o que já assumimos ou recebemos de uma forma visível para os nossos sentidos, ideias, opiniões e crenças, e com as ordens advindas de outras pessoas. Conformar-se é viver e ser regido "pelos instáveis e passageiros modismos e condições do momento presente". A simples palavra "conformação" sugere que nosso atual ambiente tem uma forma cuja existência não devemos nem podemos negar. Estamos todos cercados de injustiças, impropriedades e desigualdades, e não é incomum nos envolvermos com elas, até porque acreditamos que devemos enfrentá-las com coragem e honestidade, e fazemos o melhor possível para resolvê-las com a integridade e a inteligência que possuímos no momento.

O mundo acredita e propaga que o ambiente é a causa da nossa condição e circunstâncias atuais, e que a reação e as tendências mais "normais" seria entrarmos em um estado de obediência e aceitação silenciosa do presente. Essa é a conformação no seu pior aspecto — a consciência do fracasso. Pior ainda, a conformação é uma atitude autoimposta e significa entregar todo o nosso poder e atenção ao exterior, ao estado manifestado. Essa entrega incontestada ao passado e ao ambiente que nos cerca, quer tenha sido feita automaticamente, quer por opção, foi causada pela falta de conhecimento da nossa faculdade mais básica e maravilhosa e de seu funcionamento. O poder criativo da mente e da imaginação pode ser dirigido para novas metas e aspirações. O Novo Pensamento insiste no reconhecimento de que somos os responsáveis pelo tipo de vida que levamos e de que somos capazes de reagir às supostas verdades que dirigem nossa existência atual.

Um dos mais ativos e respeitados instrutores do Novo Pensamento, o estadunidense Charles Fillmore, cofundador da Igreja da Unidade, acreditava firmemente na responsabilidade pessoal. Em seu livro, *The Revealing Word*, ele escreveu de maneira simples e direta que "nosso verdadeiro ambiente é nossa consciência. O ambiente externo sempre tem relação com a consciência".

Qualquer pessoa que esteja aberta e disposta a aceitar que é a responsável pelo ambiente em que vive já começou a dar início à transformação. Transformar é "passar de um estado ou condição para outro (muito melhor e mais satisfatório), da carência para a abundância, da solidão para o companheirismo, da limitação à inteireza, da doença para uma saúde vibrante" — tudo isso por meio do poder e da sabedoria que habitam nosso interior e devido à presença curadora que existe em nós.

Assim como não podemos modificar o movimento dos planetas, as estações do ano, as marés e as fases da Lua, também é impossível mudar a mente e os pensamentos de outra pessoa. É inegável, no entanto, que temos a capacidade de mudar a nós mesmos. Quem seria capaz de impedir ou proibir a atuação de sua mente, imaginação e vontade? A resposta é evidente: nada, nem ninguém. Infelizmente, contudo, nada o impede de entregar esse poder à outra pessoa.

"Aprenda qual é a chave para uma nova vida: sua mente é um gravador, e todas as crenças, impressões, opiniões e ideias que aceitou ao longo dos anos estão registradas na sua mente mais profunda, o subconsciente. Mas você pode mudar a sua mente. Comece agora a preenchê-la com pensamentos nobres, inspirados por Deus, e alinhe-se com o espírito infinito que existe em seu interior". Pense em beleza, amor, paz, sabedoria e situações criativas, e o Infinito reagirá em conformidade, transformando sua mente, corpo e circunstâncias. Seu pensamento é a ponte que faz a ligação entre seu espírito, seu corpo e o mundo material.

A transformação começa na medida em que passamos a meditar, a refletir e a absorver, em nossa mentalidade, as qualidades que desejamos vivenciar e expressar. É nítido que o conhecimento teórico é bom e necessário, mas devemos saber o que estamos fazendo e por que o fazemos. Todavia, a verdadeira transformação depende da estimulação dos dons que existem em nosso interior, do poder espiritual, invisível e intangível, que foi ofertado em sua totalidade a cada indivíduo que vive neste mundo. É esse poder, e somente ele, que rompe e dissolve as gravações e vínculos criados pela infelicidade e pelos aborrecimentos do passado. Além disso, ele cura as feridas das mágoas e o sofrimento emocional.

Nesse sentido, todos desejamos e necessitamos de paz de espírito — a maior das dádivas — em nosso ambiente. Ela pode ser obtida pela contemplação, tanto mental quanto emocional, da paz divina enchendo nossa mente e coração, e, portanto, todo o nosso ser. "Onde entrardes, dizei primeiro: 'A paz esteja nesta casa'."

Contemplar falta de paz, desarmonia, infelicidade e discórdia e acreditar que a paz se manifestará nesse meio é o mesmo que achar que a semente de maçã dará origem a uma palmeira. É algo que não faz sentido porque viola todo o sentido de razão. Contudo, isso é o que se encontra no mundo.

Para alcançarmos o que é bom, devemos procurar meios de modificar nossa mente e, quando necessário, de nos arrepender. O resultado será a renovação e a transformação vindas como algo natural. É desejável e necessário transformarmos nossa vida, pondo fim à nossa conformação com escolher ou decidir de acordo com os acontecimentos já formados e manifestados. Precisamos aprender a detectar a causa que existe por trás de cada evento físico — uma doutrina elaborada por pessoas, dogmas ou rituais — para entrarmos no reino do metafísico que existe em nosso interior, o verdadeiro Novo Pensamento.

A palavra "metafísica" atualmente está vinculada a vários movimentos organizados, como, por exemplo, o Nova Era. Entretanto, ela existe há muitos séculos e surgiu, pela primeira vez, nos escritos de Aristóteles. O 13º volume de suas obras, considerado o mais importante de todos, tinha *Metafísica* como título. Em um dicionário, a seguinte definição pode ser encontrada: "Além da ciência natural; a ciência do puro ser". *Meta*, do grego antigo, significa "acima, além", e "metafísica", portanto, significa "acima ou além da física" ou "acima ou além do que é físico", ou seja, do mundo da forma. *Meta* é algo que está acima do material, é o espírito da mente. Além de todas as coisas, está *meta*: a mente.

Em termos bíblicos, o espírito de Deus é bom; "Os que adoram Deus adoram o espírito ou a verdade". Quando possuímos um espírito de bondade, verdade, beleza, amor e boa vontade, é Deus que está em nós, manifestando-se por nosso intermédio. Deus, verdade, vida, energia e espírito... Podemos defini-los? E como defini-los? "Defini-lo é limitá-lo."

Em paralelo, há uma numa antiga e bela meditação: "Sou sempre o mesmo no meu eu mais interno: único, eterno, absoluto, inteiro, completo, perfeito. Sou um EU SOU indivisível, eterno, sem rosto nem figura, sem forma nem idade. EU SOU a presença silenciosa, que habita os corações de todos os seres humanos." Temos de acreditar e aceitar que tudo o que imaginamos e sentimos como verdadeiro se torna realidade, e aquilo que desejamos aos outros estamos desejando a nós mesmos.

Emerson escreveu: "Somos o que pensamos durante o dia inteiro." Em outras palavras, e explicando melhor: espírito, pensamento, mente e *meta* são expressões da presença e do poder criativos, e, tal como ocorre na natureza (leis físicas), qualquer elemento pode ser usado tanto para o bem quanto para o mal. Por exemplo, não podemos viver sem água, mas muitos se afogam nela. A eletricidade torna nossa vida mais confortável, mas também mata. Diz a Bíblia: "Eu crio a luz e as trevas; faço a paz e a guerra; Eu, o Senhor, faço todas essas coisas. Eu firo e Eu curo; Eu abençoo; Eu amaldiçoo."

Entretanto, não existe nenhuma deidade colérica decidida a nos punir ao longo de toda uma vida; somos nós que nos castigamos mediante o mau uso da mente. Seguindo o mesmo princípio, somos abençoados (beneficiados) quando tomamos conhecimento dessa presença interna, desse poder fundamental que o Criador colocou à nossa disposição.

A metafísica é, em suma, o estudo da causação (ato de causar) e não se preocupa com o efeito ou resultado que está manifestado, mas com o que está *causando* o efeito ou resultado. Ela aborda as ideias espirituais como os cientistas abordam o mundo da forma. Os metafísicos investigam a mente ou a causa a partir da qual o visível é formado ou deriva. Se a mente é modificada ou uma causa é alterada, o efeito sofre uma mudança.

A força e a beleza da metafísica é que ela não está confinada a qualquer credo particular, mas é universal. Uma pessoa pode professar a religião judaica, cristã, muçulmana ou budista e ser, ao mesmo tempo, metafísica.

Muitos poetas, cientistas e filósofos afirmam ser ateus ou agnósticos, mas são profundamente humanistas, o que significa que têm uma crença metafísica. Jesus era um mestre da metafísica — compreendia a mente e a utilizava para elevar, inspirar e curar os outros.

Quando perguntaram ao Mahatma ("grande alma") Gandhi qual era a sua religião, ele respondeu: "Sou cristão... judeu... budista... hindu... Eu sou todas essas coisas."

A expressão "Novo Pensamento" tornou-se popular e generalizada. Ela é usada em muitas igrejas, centros, grupos de oração e diferentes instituições, e hoje pode denominar um movimento metafísico que nos revela a existência da unicidade ou unidade dos seres humanos com a vida infinita e que cada indivíduo possui dignidade e valor inatos. Nesse movimento, a ênfase é colocada sobre o indivíduo e não sobre uma função ou entidade. Não há nenhuma novidade no Novo Pensamento, porque a metafísica é a mais antiga das abordagens religiosas. "EU SOU e vim para trazer vida, e vida em abundância." A metafísica revela nossa identidade de "Filhos do Infinito" e afirma que somos amados e temos valor espiritual pelo simples fato de sermos partes necessárias do Todo Criador, que é uno.

A metafísica nos permite voltar à nossa Divina Fonte e nos ajuda nessa empreitada, pondo fim à sensação de separação e alienação, de vivermos vagando em um deserto estéril e hostil.

A metafísica sempre esteve à disposição dos seres humanos e espera pacientemente pelo momento em que cada um irá descobri-la e utilizá-la.

Milhares de pessoas foram apresentadas à metafísica por diferentes instrutores. Ela evoluiu pouco a pouco e, de maneira geral, considera-se que, em sua forma atual, foi introduzida por Phineas P. Quimby, que relatou suas experiências com a mente humana em um artigo fascinante da revista *New Thought Magazine*, em 1837. Depois de experimentar o mesmerismo por vários anos, Quimby concluiu que era o condicionamento da mente subconsciente, e não o hipnotismo, o responsável pelas mudanças observadas. Apesar de Quimby não ter tido grande educação formal, era um autor prolífico e publicava diários minuciosos sobre seu trabalho. Com o passar do tempo, tornou-se um ávido leitor da Bíblia e conseguiu reproduzir dois terços das curas descritas no Antigo e no Novo Testamentos. Descobriu também que havia grande confusão sobre o verdadeiro significado de muitas passagens bíblicas, confusão essa que era a responsável pela má compreensão e má interpretação dos feitos de Jesus Cristo.

Ao longo do século XX, muitos autores, instrutores, ministros de igrejas e palestrantes contribuíram para a divulgação do movimento Novo Pensamento. Charles E. Braden, da Universidade de

Chicago, chamou-os de "espíritos rebeldes", porque entendeu que esses homens e mulheres estavam fomentando uma rebelião contra as religiões estabelecidas, contra o dogmatismo, os rituais, os credos e as inconsistências que só serviam para causar medo nos fiéis. O próprio Dr. Braden acabou expressando sua insatisfação com a situação existente, decidindo-se não se conformar mais com ela.

O Novo Pensamento é a prática individual das verdades da vida dentro de um processo gradual e abrangente. Podemos aprender muito pouco, a princípio, e muito mais no futuro próximo. Entretanto, jamais atingiremos um ponto em que não existirá nada mais para ser descoberto, porque o processo é infinito, ilimitado e eterno. O tempo não é impedimento, porque temos toda a eternidade para aprender. Muitos se impacientam consigo mesmos e com seus aparentes fracassos. Entretanto, ao olharmos para trás, descobrimos que houve períodos de real aprendizado e nos propomos a não repetir os mesmos erros. Se o processo está lhe parecendo lento demais, lembre-se: "Na paciência, toma posse de tua alma."

No livro *Orar é a solução*, Murphy salienta que o Céu pode ser considerado a "consciência ou percepção", e a Terra, a manifestação. Seu novo céu é seu novo modo de encarar as situações, a nova dimensão da sua consciência que o faz ver que, no Absoluto, tudo é bênção, harmonia, amor infinito, sabedoria, paz eterna e perfeição. O processo de identificação com essas verdades vence o medo e, ao aumentar nossa fé e confiança, torna-nos mais fortes e seguros.

Os livros que constituem essa série apresentam combinações de palestras, sermões e transmissões radiofônicas em que Murphy ensinava as técnicas para elevar seu potencial ao máximo por meio do poder do subconsciente.

Como Murphy era um ministro protestante, muitos dos seus exemplos e citações são extraídos da Bíblia, mas os conceitos que ilustram não devem ser considerados sectários, porque as mensagens que transmitem são universais e encontram-se nos ensinamentos da maior parte das religiões e filosofias. Muitas vezes, Murphy repetiu que a essência do conhecimento é a lei da vida, a lei da crença. Não a crença católica, protestante, muçulmana ou hindu, mas a certeza no mandamento mais simples e puro: "Faça aos outros o que quiser que eles lhe façam."

Jean Murphy continuou o ministério do marido depois de sua morte em 1981. Em uma palestra proferida em 1986, ela reiterou sua filosofia:

"Quero ensinar homens e mulheres sobre a Origem Divina de todos nós e sobre os poderes que reinam em nosso interior. Quero que saibam que esses poderes são internos e seus próprios salvadores, porque, ao usá-los, conseguirão alcançar sua própria salvação. Essa é a mensagem que a Bíblia nos transmite, mas poucos têm consciência dessa verdade. Vivemos mergulhados em uma confusão gerada por interpretações literais e erradas das verdades transformadoras que a Bíblia nos oferece.

Quero atingir a maioria que sofre a repressão dos seus talentos e habilidades. Quero ajudar os outros, seja qual for seu nível de consciência, a descobrir as maravilhas que guardam em seu interior."

Falando sobre o marido, Jean Murphy também disse que "ele era um místico prático, um homem abençoado pelo intelecto de um erudito, a mente de um executivo bem-sucedido, o coração de um poeta". Sua mensagem pode ser assim resumida: "Você é o rei, o governante do seu mundo, porque é uno com Deus."

AUMENTE O PODER DO SEU SUBCONSCIENTE PARA TRAZER RIQUEZA E SUCESSO

Joseph Murphy acreditava firmemente que o plano de Deus era que todos os seres humanos fossem saudáveis, prósperos e felizes, e contestava os teólogos e pensadores que afirmavam que o desejo é uma coisa má e que é nosso dever tentar sufocá-lo. Ele ensinava que a extinção do desejo significa apatia, falta de sentimentos, de ação. Afirmava que o desejo é um dom de Deus; que é certo desejar e que nada é mais saudável e proveitoso que o desejo de se tornar melhor do que se era ontem. Como é possível o desejo de saúde, abundância, companheirismo e segurança ser considerado errado?

O desejo está por trás de todo progresso. Sem ele, nada seria realizado, porque o desejo é o poder criador, que pode ser canalizado de maneira construtiva. Uma pessoa em vulnerabilidade, por exemplo, tem todo o direito de desejar fortuna. Alguém com uma doença, de desejar saúde; uma pessoa sentindo solidão, de desejar companhia ou amor.

Temos de acreditar que podemos melhorar nossa vida. Uma crença qualquer, verdadeira, falsa ou apenas indiferente, acalentada por um bom período de tempo, é assimilada e incorporada em nossa mentalidade. Se não for contrabalançada com uma crença de natureza oposta, mais cedo ou mais tarde será expressa ou vivenciada como fato, forma, condição ou acontecimentos cotidianos. Precisamos ter certeza de que possuímos o poder para transformar crenças negativas em positivas em nosso interior e, portanto, a capacidade de mudar nossa vida para melhor. Basta você dar a ordem, e seu subconsciente o obedecerá fielmente. A reação ou resposta da mente subconsciente virá de acordo com a natureza do pensamento que está em sua mente racional.

Os psicólogos ou psiquiatras afirmam que, quando os pensamentos são transmitidos para o subconsciente, formam-se impressões nos neurônios cerebrais. No instante em que o subconsciente aceita uma ideia qualquer, começa a colocá-la em prática por meio de associações, usando cada partícula de conhecimento que você reuniu em sua vida para dar forma a ela. Ele se alimenta do poder infinito, da energia e da sabedoria que existe em seu interior e recorre a todas as leis da natureza para conseguir seu objetivo. Às vezes, o subconsciente parece trazer uma solução imediata para suas dificuldades, mas, em outras, a resposta pode demorar dias, semanas ou mais.

O modo de pensar habitual da sua mente racional estabelece sulcos profundos no subconsciente, algo muito favorável no caso dos seus pensamentos serem harmoniosos, pacíficos e construtivos. Por outro lado, se você se entrega habitualmente ao medo, à preocupação ou a outras formas destrutivas de pensamento, a solução é reconhecer a onipotência da mente subconsciente e decretar liberdade, felicidade, saúde perfeita e prosperidade. O subconsciente, por estar diretamente ligado à sua fonte divina, começará a criar a liberdade e a felicidade que você decidiu trazer à sua vida.

Agora, pela primeira vez, as palestras do Dr. Murphy foram compiladas, editadas e atualizadas em seis novos livros, que trazem seus ensinamentos para o século XXI. Para ampliar e explicar melhor os temas das palestras originais, também incorporamos material extraído das palestras da Dra. Jean Murphy e acrescentamos exemplos de pessoas cujo sucesso reflete a filosofia do Dr. Murphy.

Confira a seguir os livros que compõem a série:

- *Aumente o poder do seu subconsciente para trazer riqueza e sucesso;*
- *Aumente o poder do seu subconsciente para desenvolver autoconfiança e autoestima;*

AUMENTE O PODER DO SEU SUBCONSCIENTE
PARA TRAZER RIQUEZA E SUCESSO

- *Aumente o poder do seu subconsciente para vencer o medo e a ansiedade;*
- *Aumente o poder do seu subconsciente para ter saúde e vitalidade;*
- *Aumente o poder do seu subconsciente para alcançar uma vida mais plena e produtiva;*
- *Aumente o poder do seu subconsciente para conquistar uma vida mais espiritualizada.*

A simples leitura desses livros *não* vai melhorar sua vida. Para extrair o máximo do seu potencial, você terá de estudar atentamente esses princípios, aceitá-los no fundo do seu coração, reuni-los à sua mentalidade e aplicá-los como parte integrante da sua maneira de encarar todos os aspectos de sua vida.

Arthur R. Pell, ph.D.
Organizador
Fevereiro de 2005

Prefácio

Já imaginou como seria sua vida se você fosse rico e pudesse viver no luxo? A riqueza parece algo muito remoto para a maioria das pessoas, mas existem incontáveis exemplos ao longo da história de homens e mulheres que saíram de uma situação de vulnerabilidade preocupante e se tornaram milionários pelos seus próprios esforços.

Você nasceu destinado a ser pobre? Parafraseando William Shakespeare, algumas pessoas nascem ricas, outras alcançam a riqueza e algumas são subitamente alcançadas por ela. Há pessoas que tiveram a sorte de serem filhas de ricos, de pais que lhes deram tudo o que o dinheiro podia comprar. Outras ficaram subitamente ricas ao ganhar na loteria ou receber uma herança inesperada. Entretanto, a maioria de nós não teve tanta sorte. Para nos tornarmos ricos precisamos pôr em prática nossa inteligência, engenhosidade, criatividade e obstinação. Nenhum ser humano nasceu destinado a ser pobre. A riqueza está à nossa volta, e tudo o que precisamos fazer para alcançá-la é procurar e descobrir o caminho que nos levará a ela.

Não há nada de errado em querer ser rico. O desejo de ter muito dinheiro é, na verdade, vontade de ter uma vida mais rica, plena e abundante, um desejo digno de elogios. As pessoas que não anseiam por viver na abundância, que afirmam não querer ter dinheiro para comprar as coisas que desejam, não podem estar considerando a situação em sua completude.

AUMENTE O PODER DO SEU SUBCONSCIENTE
PARA TRAZER RIQUEZA E SUCESSO

Por que se contentar com o suficiente para viver quando se pode desfrutar das riquezas do infinito? Neste livro você aprenderá a ser amigo do dinheiro e a ter sempre algum sobrando. Seu desejo de ser rico é vontade de ter uma vida mais plena, feliz e gostosa. O desejo de ter tudo do melhor é uma ânsia generalizada, cósmica, que é muito, muito boa. Comece a dar ao dinheiro o seu verdadeiro significado, que é o de ser um símbolo de troca capaz de lhe trazer a libertação da carência e a introdução em uma vida de luxo, beleza, abundância e refinamento.

Um dos motivos que explicam por que muitas pessoas não possuem maior quantia de dinheiro é que elas, em silêncio ou abertamente, o consideram algo ruim. Pensam nele como resultante de "negócios sujos", "lucros exorbitantes" e outras bobagens semelhantes. Outro motivo é um sentimento subconsciente e insidioso de que existe virtude na pobreza, uma crença aprendida por falhas na educação, superstição ou com base em falsas interpretações das Escrituras.

Não existe virtude na pobreza. A pobreza não é um estado desejável, como tantos outros. Se você estivesse fisicamente doente, procuraria auxílio e tratamento o mais breve possível. Similarmente, se não existe uma constante circulação de dinheiro em sua vida, é certo que há algo de terrivelmente errado. É hora de agir para modificar essa situação — agora mesmo.

Deus não quer que você viva na pobreza. O que Ele realmente deseja é que você seja alegre, feliz e próspero. E lembre-se de que Deus é sempre bem-sucedido nos seus empreendimentos, quer esteja criando uma estrela ou um universo.

Jogue fora agora mesmo todas as suas crenças supersticiosas sobre o dinheiro. Jamais o veja como algo mau ou sujo, caso contrário ele criará asas e fugirá para longe. Saiba que você perde o que condena.

PREFÁCIO

É perfeitamente correto alguém querer ter dinheiro, e esse é um desejo de todos os homens e mulheres normais. Também é totalmente certo você programar o poder da sua mente subconsciente para melhorar a condição econômica, afinal, esse é o seu dever para consigo mesmo, para com Deus e com a humanidade, pois não há maior serviço que você possa prestar a ela e ao Criador do que procurar ser o melhor possível.

Existem *hoje* e *sempre existirão* pessoas que aceitam a pobreza como seu quinhão natural do mundo, mas elas não estão condenadas a viver nesse estado porque há instrumentos para ajudá-las a sair desse abismo aumentando seu crescimento mental e entendimento.

A primeira *causa da pobreza* é aceitá-la. Quando se analisa atentamente essa aceitação fica evidente que, enquanto a última pessoa ou grupo que se conforma com a pobreza não mudar de pensamento, a miséria continuará a existir em nosso meio porque, no fundo de suas mentes e almas, essas pessoas só conseguem se ver em um estado de extrema carência.

A *segunda causa da pobreza* é a falsa educação recebida no passado que, em vez de acelerar a evolução da humanidade, fez todo o possível para mantê-la paralisada. Muitas religiões ensinam, como parte de seu dogma, que a pobreza é uma condição inevitável para a maioria dos seres humanos e até pregam que "os pobres estarão sempre conosco". Certas correntes chegam a afirmar que alguns nascem predestinados a ser pobres e por isso têm de se conformar.

Alguns intérpretes da espiritualidade ensinam que ser pobre é ser espiritualizado, lembrando sempre que "é mais fácil um camelo passar pelo buraco de uma agulha do que um rico entrar no Reino do Céu". Vivendo e ensinando com base na mentira que aprenderam, acreditam que todos devem aceitar a carência em silêncio, esperando e confiando que em algum futuro distante, desde que sejam merecedores devido à aceitação da pobreza, irão para o paraíso como prêmio por tudo que sofreram. Em várias religiões do Oriente tem-se como certo que os que nascem pobres sempre viverão na pobreza e que, se eles forem humildes e obedientes, na próxima encarnação nascerão em uma casta mais alta e terão uma vida mais afortunada.

Essas velhas obsessões mantiveram multidões de pessoas presas em suas garras por vários séculos. Por mais estranho que pareça, ainda hoje, no início de um novo milênio depois de um século de iluminação, existem muitas mentes acalentando essas ilusões em seu coração e se arrastando na penúria e desesperança, resistindo à força impulsionadora da revelação maior.

Atualmente existem milhões de pessoas vivendo na pobreza, ainda agarradas a essas velhas tradições, em função de um falso ardor religioso e uma completa falta de autoinvestigação.

Neste livro, Joseph Murphy volta a examinar esses conceitos e explicita como a pobreza não é um estado natural da humanidade e, definitivamente, não é a vontade de Deus. Ele irá ensinar-lhe como, por meio do pensamento, meditação, oração e fé no seu eu criado por Deus, você alcançará a prosperidade, riqueza e êxito nos seus empreendimentos.

CAPÍTULO 1
A Chave Mestra para alcançar a riqueza

O mundo inteiro e todos os seus tesouros, o mar, o ar, o solo, já existiam quando você nasceu. Comece a pensar nas riquezas desconhecidas que estão à sua volta, esperando pela inteligência que irá descobri-las. Pense na riqueza como o ar que você respira, aprenda a ter essa atitude mental. Emerson resumiu esse conceito quando uma mulher perguntou-lhe o que poderia fazer para prosperar. Ele a conduziu para perto do mar e falou, apontando para o oceano:

— Olhe para tudo isto.

— Quanta água, não?

— Veja a riqueza com esse mesmo olhar e ela será sua para sempre — ensinou Emerson.

Tome consciência de que a riqueza é como uma maré que está constantemente subindo e descendo. Um supervisor de vendas contou-me que um colega seu vendeu por US$ 1 milhão uma ideia para a expansão da firma na qual os dois trabalham. Você também pode ganhar uma fortuna com uma simples ideia. A riqueza é um pensamento que está na sua mente, ou seja, é uma atitude mental. Essa mesma pessoa disse-me que, hoje, há muito mais milionários nos Estados Unidos do que em toda a história passada do país.

Você também pode ter uma ideia que valerá uma fortuna. É verdade. Você está neste mundo para liberar o esplendor que existe em seu interior e poder se cercar de luxo, beleza e tudo o que há de bom na vida. Aprenda que é necessário ter a atitude correta em relação ao dinheiro, riqueza, comida, roupas, tudo. Se você fizer uma sólida amizade com a riqueza, sempre terá dinheiro sobrando. Aprenda também que é normal e natural desejar uma vida mais plena, rica, feliz e gostosa. Encare o dinheiro como uma ideia de Deus para manter a saúde econômica das nações do mundo.

Se o dinheiro está circulando livremente em sua vida, você pode ser considerado como economicamente saudável, da mesma forma que uma pessoa é saudável quando o sangue circula pelas suas veias sem obstruções. Comece agora mesmo a ver o dinheiro dentro do seu verdadeiro significado e entenda o papel que ele desempenha neste planeta. Ele é um símbolo para trocas. Só isso. Ele tomou inúmeras formas ao longo dos milênios, mas continua a ser um símbolo. Para você, dinheiro deve significar a libertação da carência, deve significar beleza, abundância, luxo, refinamento e sensação de segurança. Lembre-se, você tem pleno direito de possuir muito dinheiro.

Será verdade que algumas pessoas foram predestinadas ou escolhidas para usufruírem as riquezas deste mundo enquanto outras vieram para enfrentar uma vida de necessidades e sofrimento? A resposta é um redondo *não*. Essa aparente injustiça é uma prova de que a presença e o poder criativos que existem em nós estão em constante funcionamento, respondendo, reagindo a cada segundo, de acordo com nossos pensamentos, produzindo as condições e circunstâncias da nossa vida cotidiana — respondendo e criando de acordo com "pensamentos e sinceras meditações, com o que existe em nossa mente mais profunda e subconsciente".

As pessoas que gozam da verdadeira abundância e prosperidade são as que têm consciência do poder criativo da mente e do pensamento e encaram a riqueza como um "lucro honesto", ao qual têm pleno direito. Elas conhecem muito bem o valor e a eficácia do pensamento e estão continuamente imprimindo em sua mente mais profunda ideias de abundância, tanto espiritual como material, de prosperidade e riqueza. A mente subconsciente reage de forma automática, fazendo a abundância se materializar em sua vida.

Essa é a grande e universal lei da vida, que rege a existência de todos os seres humanos. Ela sempre foi verdadeira e sempre será. Nossas crenças e escolhas mais sinceras e profundas, nossa percepção e entendimento são transformados em experiências, acontecimentos e condições. Elas se tornam *experiências objetificadas,* de acordo com a natureza de nossos pensamentos.

Quando percebemos e nos convencemos de que vivemos em um Universo generoso, inteligente e infinitamente produtivo — que foi criado e é governado por uma deidade qualquer, um Ser Divino ou o Deus amoroso —, essa convicção se reflete em todas as nossas atividades e circunstâncias.

Portanto, se minha convicção dominante é "Não sou digno da infinita riqueza universal, estou fadado ou condenado a viver sem ela, riqueza é para os outros", essa é a crença que será refletida nas minhas circunstâncias e atividades.

Esses dois conceitos ou crenças opostas são os determinantes primários de uma vida de abundância material ou de pobreza. É por isso que sempre ouvimos dizer: "Os ricos ficam mais ricos e os pobres ficam mais pobres."

Pensamentos de abundância produzem abundância. Pensamentos de carência produzem carência.

É óbvio que pensar em riqueza e abundância vivendo na carência exige algum esforço, mas eu sei que isso pode ser feito com ética e honestidade. Esse modo de pensar exige uma crença contínua e sustentada de que ela se tornará realidade. Quem pratica esse pensamento disciplinado inevitavelmente alcançará a riqueza.

As palavras-chave são "Pensamento disciplinado". A disciplina mental começa quando estamos prontos e ansiosos para procurar a verdade, e exige apenas que façamos um exame sincero das nossas mais profundas crenças e opiniões. Para tentarmos compreendê-las, é necessário examinarmos nossos ideais e aspirações, pois estes também habitam o reino das possibilidades. Precisamos "renovar nossa mente", pensar de uma nova maneira.

Ser pobre não é um estado desejável. Uma moça, ótima escritora que já tinha publicado diversos artigos, me disse uma vez: "Eu não escrevo por dinheiro."

— E o que há de errado com o dinheiro? — indaguei. — Você pode não escrever por dinheiro, mas qualquer trabalho deve ser remunerado. Com seu trabalho você nos inspira, eleva nosso moral e incentiva muitas pessoas a progredirem. É justo receber uma recompensa por isso. Quando você adotar a atitude certa em relação ao seu trabalho, a compensação financeira virá automaticamente, livre e copiosa.

Na verdade, essa moça não gostava de dinheiro e uma vez se referiu a ele como uma "coisa suja", talvez refletindo ensinamentos recebidos na sua tenra infância quando sua mãe ou outra pessoa tinha o hábito de afirmar que o dinheiro é mau, que a cobiça está na raiz de todos os males. Ela gravou esses comentários em sua mente sem compreendê-los, pois na época não tinha o discernimento para saber que é pura superstição proclamar que o dinheiro é mau ou sujo. A moça possuía no seu subconsciente a ideia de que havia alguma virtude na pobreza. Não existe virtude na pobreza. A pobreza não é um estado desejável. Assim, expliquei-lhe que no Universo não existe o mal, que tanto as coisas boas como as más resultam dos pensamentos e motivações das pessoas. Tudo o que é mau deriva de más interpretações da vida e uso errado das leis da *mente*.

Em outras palavras, o único mal é a ignorância e a única consequência é o sofrimento. Seria tolice chamar ouro, prata, urânio, cobre, chumbo, ferro, cobalto, níquel, cálcio ou uma nota de dólar de mal. Seria a mais absurda, grotesca e idiota afirmação. A única diferença entre os vários metais é o número e movimento dos elétrons girando em torno do núcleo central dos seus átomos. Um pedaço de papel, como uma nota de US$ 100, é inócuo. A única diferença entre ele e um átomo de cobre ou chumbo é que seus átomos, com os respectivos elétrons e prótons, estão arranjados de uma forma diferente para criar a evidência física do dinheiro.

Ensinei para essa jovem uma técnica simples com a qual ela multiplicou a riqueza em sua vida:

Meus escritos servem para abençoar, sanar, inspirar, elevar e dignificar as mentes e corações de homens e mulheres. Sou divinamente recompensada da forma mais maravilhosa. Olho para o dinheiro como uma substância divina, pois tudo o que existe foi feito pelo Espírito Único. Sei que matéria e Espírito são a mesma coisa. O dinheiro está constantemente circulando em minha vida e eu o uso de maneira construtiva, com prudência e sabedoria. O dinheiro vem para mim sem impedimentos, fluindo de maneira interminável, trazendo-me alegria e bem-estar. O dinheiro é uma ideia na mente de Deus. O dinheiro é bom, muito bom.

Essa é uma ótima prece porque erradica a tolice supersticiosa que faz a ligação do dinheiro com o mal, que afirma existir virtude na pobreza, e pior, que o Senhor deseja que as pessoas sejam pobres. Esse modo de pensar reflete uma espantosa ignorância. A mudança na atitude da jovem escritora em relação ao dinheiro criou maravilhas em sua vida e poderá criar na vida de todos nós. Ela se deu conta que em sua mente havia uma silenciosa condenação do dinheiro, que o fazia bater as asas e voar para bem longe dela. Em três meses sua renda triplicou, e isso foi somente o início de uma grande prosperidade financeira.

Há alguns anos conversei com um pastor que era muito amado pela sua congregação e tinha um excelente conhecimento sobre as leis da mente e facilidade para transmiti-las. Entretanto, em sua vida pessoal estava sempre lutando com dificuldades financeiras. Invocava o que imaginava ser um bom álibi para essa situação em uma frase do Novo Testamento: "Pois o amor ao dinheiro está na raiz de todos os males", esquecendo-se que no mesmo capítulo, mais à frente, está dito que Deus dá a riqueza para seus filhos a fim de que possam ajudar os outros. Em suma, é preciso ler os versículos dentro de um contexto maior porque, caso contrário, as pessoas acabam acreditando que estão proibidas de colocar sua confiança e fé no Deus Vivo que nos dá em abundância tudo o que existe de bom.

Na linguagem bíblica, amar é oferecer aliança, lealdade e fé à fonte de todas as coisas, que é Deus ou o Espírito Vivo ou o Princípio de Vida que existe no interior de cada ser humano. Por isso, você não deve oferecer aliança, lealdade e confiança às coisas que foram criadas, mas ao Criador, a fonte eterna de tudo o que Há no Universo, a fonte da sua respiração, a fonte da sua vida, a fonte dos cabelos em sua cabeça, a fonte dos batimentos do seu coração, a fonte do Sol e da Lua e das estrelas, a fonte do planeta e da terra em que você pisa.

Se você diz: "Tudo o que eu quero é dinheiro. Ele é o meu Deus", imaginando que só o dinheiro é suficiente, vai consegui-lo mais cedo ou mais tarde, sem dúvida nenhuma. Todavia, você está neste mundo para ter uma vida equilibrada e por isso também precisa pedir paz, harmonia, beleza, orientação, amor, alegria e progresso em todas as fases da sua existência. Mas, diga-me, como alguém pode viver sem coragem, fé, amor, boa vontade e alegria no mundo de hoje? Não existe nada de errado no dinheiro, mas ele não pode ser o único objetivo de uma vida. Escolher esse objetivo é um erro. Não há nada de mal no dinheiro, mas possuindo unicamente o dinheiro ficaríamos desequilibrados, fora de prumo.

Você precisa expressar seus talentos, encontrar seu verdadeiro lugar na vida e vivenciar a alegria de contribuir para o crescimento, felicidade e sucesso dos outros. Estamos todos aqui para dar. Dê seus talentos para o mundo. Deus lhe deu tudo, inclusive você mesmo. Você tem uma enorme dívida a pagar porque deve tudo o que tem ao Infinito e, portanto, tem de dar vida, amor e verdade aos seus ideais, sonhos e aspirações. Está aqui para remar o barco, pôr as mãos no volante e contribuir para a felicidade e sucesso não apenas dos seus filhos e descendentes, mas do mundo inteiro.

Acumular dinheiro excluindo todo o resto faz com que a pessoa se torne desequilibrada, torta, frustrada. Quando se aplicam corretamente as leis do subconsciente, é possível ter todo o dinheiro desejado e também paz de espírito, harmonia, equilíbrio e serenidade. Há muito de bom para se fazer com o dinheiro. Ele, como qualquer outra coisa na natureza, pode ser ou não empregado de maneira construtiva, com prudência e sabedoria. Cabe a você escolher entre usar seu conhecimento e filosofia para melhorar sua vida e o mundo como um todo, ou para impor ideias erradas nas mentes mais impressionáveis.

Quanto ao caso do pastor que vivia enfrentando dificuldades financeiras, eu o fiz ver que estava interpretando erradamente as Escrituras ao afirmar que pedaços de papel ou metal são maus, quando, de fato, trata-se de substâncias inertes, que podem tanto ser usadas para o bem como para o mal. Ele percebeu que se tivesse dinheiro poderia fazer muito de bom para sua esposa, filhos e congregação, e decidiu mudar de atitude e abandonar as superstições. Começou a clamar de maneira ousada, regular e sistemática:

> O Espírito Infinito me revela qual é a melhor maneira de servir. Sou inspirado e iluminado pelo Altíssimo e tenho fé e confiança na única presença e único poder, que consigo transmitir para todos que me ouvem. Vejo o dinheiro como uma ideia de Deus e ele circula constantemente em minha vida e na de todos os que

me cercam. Nós o usamos de maneira construtiva, com sabedoria e sensatez, sob a orientação de Deus.

O jovem pastor criou o hábito de fazer regularmente essa oração sabendo que ela ativaria os poderes da sua mente subconsciente e atualmente tem uma bela igreja, construída com os donativos da congregação, um programa de rádio e todo o dinheiro que precisa para suprir suas necessidades pessoais, mundanas e culturais. Posso afirmar com certeza que ele nunca mais criticou ou condenou o dinheiro, porque, se houvesse agido desse modo, o dinheiro teria fugido para longe dele, porque estaria maldizendo o agente da prosperidade que tanto pedia em suas orações.

Siga as etapas da técnica que vou lhe ensinar e você jamais ficará sem dinheiro pelo resto da sua vida, porque ela é a Chave Mestra para a obtenção da riqueza. A primeira é colocar em sua mente a ideia de que Deus, o Princípio Vital ou o Espírito Vivo é a fonte de tudo o que existe, desde o Universo e as galáxias, até as coisas que você vê, sejam as estrelas no céu, as montanhas, vales e lagos, todas as ricas camadas do solo, o oceano, todos os animais e plantas. O Princípio Vital criou você e todos os poderes, qualidades e atributos de Deus que estão presentes em seu interior. Raciocine sobre essas verdades e chegue à singela conclusão que tudo o que você vê e percebe veio da mente invisível do Infinito ou Princípio Vital, que tudo o que já foi inventado, criado ou construído veio da invisível mente humana. Ora, a mente humana e a mente de Deus são uma coisa só, porque existe uma única mente, que é comum a todas as pessoas. Cada um de nós é um canal de entrada ou saída de tudo o que existe neste mundo.

Chegue à cristalina decisão que Deus é a fonte do seu reservatório de energia, vitalidade, saúde, ideias criativas, a fonte do Sol, do ar que você respira, da maçã que você come, do dinheiro que está no seu bolso. Tudo é feito no interior do invisível e tudo sai dele. Para Deus é tão fácil criar riqueza em sua vida como criar uma folha de grama ou um cristal de neve.

A segunda etapa: decida agora mesmo gravar a ideia de riqueza na sua mente subconsciente. As ideias são transmitidas para o subconsciente por meio da repetição, fé e expectativa. A repetição constante de um ato ou padrão de pensamento faz com que ele se torne automático, e o subconsciente, por ser intrinsecamente obediente, é obrigado a expressar riqueza. Essa etapa da técnica segue o mesmo modelo de aprender a andar, nadar, tocar piano, digitar ou guiar um veículo. Você tem de acreditar no que está afirmando. Sua atitude deve ser a mesma de quem planta sementes tendo absoluta certeza de que elas gerarão plantas da mesma espécie. Pense nos seus pensamentos como sementes que são plantadas na mente subconsciente.

Saiba que o que você está afirmando é como uma semente de maçã plantada na terra. Ela dará origem a uma macieira. Imagine a semente dos seus pensamentos positivos indo para o seu subconsciente e sendo reproduzida na tela do espaço. Regando e fertilizando as sementes, você acelera seu crescimento. É importante saber o que você está fazendo e por que está fazendo. Imagine que está escrevendo as afirmações no seu subconsciente usando a caneta do consciente porque tem certeza de que a riqueza existe. Para ter uma prova disso, caminhe por uma rua qualquer. Você é capaz de contar todas as flores e folhagens enquanto passa pela rua? De contar os grãos de areia numa praia? De contar as estrelas no céu? Será que pode contar as riquezas minerais do solo sobre o qual está caminhando? Ali pode haver petróleo, ouro, prata, urânio... Já pensou nas riquezas que existem no mar?

A terceira etapa é repetir a seguinte afirmação por cerca de cinco minutos todos os dias, de manhã e à noite:

> Eu agora estou escrevendo no meu subconsciente a ideia de riqueza de Deus. Ele é a fonte do que preciso, e sei que Deus é o Princípio Vital dentro de mim e que estou vivo. Todas as minhas necessidades são atendidas em todos os instantes do tempo e em todos os pontos do espaço. A riqueza de Deus flui livremente, alegre e incessantemente para mim e eu dou graças pelas riquezas de Deus que estão constantemente circulando em minha experiência de vida.

Quarta etapa: quando pensamentos de carência vierem à sua mente, como: "Não tenho meios para fazer essa viagem" ou "Não serei capaz de zerar meu saldo negativo no banco" ou "Não conseguirei pagar aquela conta", impeça-os imediatamente de continuar. Jamais se permita terminar uma declaração negativa sobre finanças. Esta é uma regra obrigatória. Reverta na mesma hora o pensamento afirmando: "Deus é meu reservatório instantâneo e perene, e essa conta está paga dentro da ordem Divina." Mesmo se uma ideia negativa insiste em surgir cinquenta vezes em uma hora, em todas elas você deve revertê-la, pensando e afirmando: "Deus me dá meios abundantes de atender a essa necessidade agora mesmo." Depois de algum tempo os pensamentos sobre carência financeira perderão o impacto e você constatará que seu subconsciente está sendo condicionado para produzir riqueza. Aprenda novas atitudes. Por exemplo, se você vir um carro de último tipo, jamais diga: "Nunca terei um desse" ou "Não posso me dar ao luxo de ter um igual", porque seu subconsciente tomará suas palavras ao pé da letra e impedirá que lhe aconteçam coisas boas. Em vez disso, diga a si mesmo: "Um carro como esse está à venda. Ele também pode ser meu. Esta é uma ideia divina e eu a aceito na ordem divina através do divino amor."

Essa técnica é a chave mestra que lhe abre as portas da riqueza. É impossível uma pessoa sincera praticá-la e não ter o dinheiro que precisa todos os dias de sua vida. Portanto, use esse método e estará colocando a lei da opulência em operação. Ele funcionará para você e para qualquer outra pessoa. A lei da mente vale para qualquer ser humano. São os pensamentos que fazem uma pessoa ser rica ou pobre. Por isso, escolha as riquezas da vida agora mesmo.

Um supervisor de vendas me enviou um dos seus vendedores a fim de que lhe desse uma orientação. O rapaz fora brilhante nos estudos, conhecia muito bem os produtos que vendia e atuava em um território sabidamente lucrativo. Entretanto, não conseguia ganhar mais do que US$ 10 mil por ano em comissões. O supervisor tinha certeza de que ele poderia duplicar e até triplicar essa quantia e resolveu ajudá-lo. Conversando com o rapaz, descobri que lhe faltava autoestima. Ele desenvolvera um modelo subconsciente considerando que nunca seria mais do que um funcionário medíocre, que não valia mais do que estava recebendo. Continuando minha investigação, descobri que ele nascera em um lar muito pobre e seus pais se conformavam com a miséria, transmitindo-lhe a ideia de que ele nascera pobre e assim morreria. Mais tarde, seu padrasto vivia lhe dizendo: "Você nunca será nada nesta vida. Você é burro, ignorante." Esses pensamentos tinham sido aceitos pela sua mente impressionável e agora ele vivenciava a crença subconsciente na carência e limitação.

Expliquei-lhe que ele podia modificar sua mente subconsciente alimentando-a com pensamentos revigorantes e lhe dei um exercício espiritual muito simples, mas que causaria uma transformação na sua vida. Expliquei-lhe que sob nenhuma circunstância deveria negar o que afirmava, pois sua mente subconsciente só aceitaria os pensamentos que refletissem o que ele realmente acreditava. De fato, lembre-se de que sua mente subconsciente aceita suas convicções, tudo aquilo em que você realmente acredita. Por isso, acredite na riqueza e abundância de Deus, que estão ao seu dispor.

O jovem vendedor começou a afirmar todas as manhãs antes de sair para o trabalho:

> Nasci para ser bem-sucedido, para vencer. O Infinito que está dentro de mim jamais fracassa. A divina lei e a divina ordem governam minha vida. A divina paz enche minha alma. O divino amor satura minha mente. A Infinita Inteligência está sempre me guiando. A riqueza de Deus flui para mim livre, alegre, perene e incessante. Estou avançando, progredindo e crescendo tanto no campo mental, espiritual e financeiro, como em todos os outros aspectos. Tenho certeza que essas verdades estão lançando raízes em meu subconsciente e sei e acredito que elas darão frutos da mesma espécie.

Anos depois encontrei esse rapaz e descobri que estava transformado. Absorvera muito bem as ideias que havíamos discutido e falou:

> Hoje eu gosto da minha vida e coisas maravilhosas têm acontecido. Neste ano minha renda subiu para US$ 75 mil, o que é cinco vezes o que ganhei no ano passado.

Há pouco conheci um homem que sempre trabalhara em um determinado banco e ganhava cerca de US$ 40 mil por ano, o que considerava satisfatório. Entretanto, queria ganhar mais para dar maior conforto para sua mulher e filhos. Então começou a afirmar: "Deus é meu suprimento instantâneo. Sou divinamente orientado em todos os aspectos. O Espírito Infinito me abre uma nova porta." Segundo me contou, alguns meses depois surgira uma boa oportunidade e agora ele estava trabalhando com vendas, recebendo comissões. Como teve fé em si mesmo para deixar um emprego seguro em busca de progresso, passou a ganhar cerca de US$ 200 mil por ano, com todas as despesas pagas, e vivia feliz com a família, realizando todos os seus sonhos e projetos.

Tudo isso se deve a uma ideia em sua mente. A riqueza é uma ideia. Um televisor é uma ideia. Um automóvel é uma ideia. Tudo o que vemos é uma ideia. Suponha que todos os veículos do planeta foram destruídos por uma catástrofe qualquer. Se um grupo de engenheiros e trabalhadores especializados decidirem voltar a construí-los, logo haverá milhares deles percorrendo ruas e estradas.

Use a seguinte meditação para conquistar a segurança e obter riqueza financeira:

Sei que minha fé em Deus determina meu futuro. Minha fé em Deus significa que tenho fé em tudo o que é bom. Agora eu me ligo a ideias verdadeiras, sabendo que o futuro será a imagem e semelhança do meu habitual modo de pensar. Sou o que penso no meu coração ou subconsciente. A partir deste instante meus pensamentos estão voltados para tudo o que é verdade, tudo o que é honesto, justo, belo e que traz felicidade. Medito sobre essas coisas diariamente, de manhã e à noite, sabendo que essas sementes, que são meus pensamentos habituais, germinarão para me dar uma rica colheita. Sou o capitão da minha alma, mestre da minha sorte, porque meus pensamentos e sentimentos criam meu destino.

Quero que você compreenda que preces e afirmações não têm como propósito modificar Deus, o Espírito Vivo ou o Princípio Vital, nem de influenciar o divino. Deus é o mesmo, ontem, hoje e sempre. Ao fazer suas afirmações positivas você não vai mudar Deus, mas se alinhar mentalmente com o que sempre foi verdade. Ninguém cria a harmonia, ela existe. Ninguém cria o amor, Deus é o amor e o amor Dele está dentro de você. Ninguém cria a paz; Deus é paz e Ele habita em seu interior. Por isso, você deve rogar para a paz de Deus encher sua mente. Deve rogar para a harmonia de Deus permanecer no seu lar, carteira, trabalho, empresa, em todas as fases de sua vida. O que é bom está ao alcance de qualquer ser humano. Preces e afirmações positivas têm como objetivo elevar a mente até um ponto no qual é possível aceitarmos as dádivas que nos foram conferidas desde a criação do mundo. Deus nos presenteia e Ele mesmo é o presente. O petróleo já existia no solo do planeta muito antes de você nascer, antes de qualquer criatura caminhar pela Terra. O ouro, prata, urânio, chumbo, cobre e toda a imensidão de minérios que tanto valorizamos também já estava lá. E continuam lá.

Naturalmente, foi necessário um pouco de inteligência na mente humana para descobrir essas riquezas. Imagine dois geólogos ou mineralogistas pesquisando o solo de um estado como o de Utah, comprovadamente rico em minérios. Um deles estuda o terreno por dias seguidos, mas não encontra nenhum indício de ocorrência de minérios. O outro começa a prospecção e nos primeiros cinco minutos descobre um veio de prata ou urânio no mesmo território, no mesmo solo. Onde estava a riqueza? É lógico que na mente da segunda pessoa, que confiou no seu conhecimento, na sua intuição, no princípio orientador. O outro homem não encontrou nada, apesar de os minérios existirem sob seus pés.

Portanto, há um princípio orientador que o conduzirá para encontrar ouro, prata, petróleo, chumbo e tantas outras coisas. Não temos de nos esforçar para modificar nossas condições de vida, precisamos apenas trabalhar em nós mesmos para pensarmos de maneira diferente. É na mente que encontraremos a cura para a carência e a limitação.

Quando conseguirmos essa cura, descobriremos que o mundo (nosso corpo, ambiente e condições de vida) será uma reflexão matemática do que existe em nossa mente. Lembre-se de que seja o que for que você pedir ao orar, acredite que já recebeu o que deseja e o desejo se tornará realidade em sua vida. Esta é a base para uma oração bem-sucedida, quer se trate da cura do organismo, prosperidade, sucesso, realizações ou benefícios materiais. Quando você consegue convencer sua mente mais profunda de que já possui o que deseja, ela imediatamente começará a transformar essa ideia em realidade.

Alguém pode perguntar: "Como posso convencer minha mente mais profunda, meu subconsciente, de que tenho tudo o que é bom, toda a riqueza, quando meu bom senso me diz que as contas estão se acumulando, os credores me perseguem, o banco me chamou para cobrir o meu débito e pagar a hipoteca?" A resposta é simples e direta: Isso é impossível! Passar o dia inteiro ruminando sobre contas e compromissos, sobre o dinheiro que falta, só serve para aumentar a miséria. Há, contudo, uma grande verdade sobre as leis da mente. Ela aceita como fato tudo o que a pessoa repete, de maneira regular, usando um tom de voz convincente. É assim que se aprende a nadar, tocar piano ou jogar golfe. É preciso treinar, ou seja, repetir os mesmos pensamentos, os mesmos atos. Nesse caso, você sabe o que está fazendo e por quê. Você se decide a aprender a nadar, por exemplo, e se dedica aos exercícios até sua mente subconsciente finalmente assimilar os movimentos da natação por meio da repetição e eles se tornarem automáticos. Certo dia, você sairá nadando sem nem mesmo pensar na técnica que aprendeu.

Esse é o mesmo procedimento que ocorre nas orações pedindo riqueza, por exemplo. No instante em que seu subconsciente aceitar a afirmação como um fato, começa a fazer todo o possível para ela se tornar realidade. O propósito da declaração positiva, portanto, é convencer-se da verdade que se está afirmando.

Uma mulher veio ao meu escritório e contou: "Alguém me deu uma afirmação onde estava escrito que agora sou rica e próspera, que sou bem-sucedida em todos os meus empreendimentos. Entretanto, ela só serviu para me despertar ainda mais para minhas necessidades."

Percebi que ela acreditava muito mais na pobreza do que nas riquezas que tinha à sua disposição. Então, expliquei:

— Você tem que se afastar desse modelo de pensamento. É preciso modificar essa crença porque o subconsciente a aceita sem contestar. Olhe à sua volta. Entenda que Deus criou você e tudo o que existe no mundo. Ele é um espírito invisível em seu interior. Tudo é criado de dentro para fora. Deus criou sua pulsação, o ar que você respira, a água que você bebe, o alimento que consome. Portanto, deixe de olhar para fora e volte-se para o seu interior. Agindo dessa forma, tudo será mudado. Diga:

> Reconheço a fonte eterna que tudo me fornece. Deus é a fonte da abundância. Todas as minhas necessidades — espirituais, mentais e materiais — estão atendidas em cada momento do tempo e ponto do espaço, e a riqueza de Deus circula em minha vida. Dia e noite estou progredindo e crescendo espiritual, mental, material, financeira e intelectualmente, de todas as maneiras. Tudo está pronto quando a mente está pronta. Recebo o que creio que vou receber. Oh, Senhor, eu amo a Sua lei. Ela é minha meditação constante. A lei é que sou o que penso, sou o que acredito ser. Recebo de acordo com minha fé. Deus me deu a riqueza infinita e para mim não existe a carência.

A mulher se conscientizou que a fonte é uma verdade, que Deus é a fonte da abundância infinita, fonte dos cabelos na cabeça, fonte da força que lhe permite erguer uma cadeira, fonte do capim no pasto, fonte do milho que cresce na plantação, fonte do gado e de milhares de montanhas. Essa constatação a fez se alinhar com ela, a escrever em seu subconsciente a ideia de riqueza, progresso e prosperidade. Modificou sua crença, passando a acreditar na riqueza interminável que nos cerca em vez de pensar na pobreza, que era uma falsa crença que abrigava em sua mente. Continuei a lhe explicar:

— Você tem noção de que as frutas que apodrecem nas árvores das regiões tropicais seriam suficientes para alimentar a humanidade inteira? A natureza é incrivelmente generosa e superabundante. Deus nos deu ricamente todas as coisas que criou. Ele criou toda a riqueza mineral, vegetal e animal antes de criar o ser humano e o fez para usufruir a abundância da natureza. Lembre-se de que Ele não pediu nada em troca, portanto é justo e certo pedir a abundância para poder gozá-la. Na Bíblia, pedir é clamar; clamar com ousadia, com consciência do que você está fazendo e por que está fazendo.

Assim, se você tem dívidas e compromissos, contas e mais contas a pagar, não se preocupe com elas. Volte-se para a fonte, que é inesgotável. Lembre-se do fazendeiro que disse: "Eu não me preocupo com as ervas daninhas. As plantas estão crescendo e daqui a pouco elas próprias serão capazes de matar as ervas daninhas." Siga essa orientação. Focalize sua mente no que é bom, na orientação divina, na ação correta e na fonte eterna da abundância mental, espiritual ou financeira. Existe uma única fonte, não duas ou três, e ela só traz o que é bom. Voltando-se para ela e agradecendo o fornecimento interminável dessas dádivas, todas as ervas daninhas serão destruídas. Os pensamentos de carência e limitação morrerão em seu interior e Deus multiplicará suas graças.

Traga a alegria para sua vida. Clame a Deus, peça a alegria. A alegria do Senhor é minha força, diz a Bíblia. Repita esta afirmação muitas vezes e depois de algum tempo você se surpreenderá com a melhoria na sua circulação sanguínea, no funcionamento geral de seu organismo. Não perca tempo analisando essa frase ou duvidando dela com mau humor. Saiba apenas que a alegria é o espírito e a expressão da vida. Não é preciso se esforçar como uma mula de carga, não é necessário suar. A força de vontade, força muscular ou força nervosa não é usada nesta técnica terapêutica espiritual. Saiba e afirme com certeza que a alegria do Senhor está fluindo por todo o seu ser agora mesmo e maravilhas acontecerão. O principal resultado será a liberdade e a paz de espírito. Tendo paz de espírito, você terá paz nas suas contas, no seu bolso, no seu lar e nos relacionamentos, porque a paz é o poder que está no coração de Deus.

Rios de alegria banham a cidade de Deus, que é sua mente. Ela também tem habitantes e você sabe muito bem quem mora lá: seus pensamentos, ideias, imagens, crenças e opiniões. Por habitarem a cidade de Deus, elas precisam estar de acordo com os modelos que Ele criou. Cabe a você fazê-las se ajustar aos padrões divinos.

Uma mulher me disse:

— Eu estava financeiramente bloqueada e chegara ao ponto em que nem tinha dinheiro para comprar comida para as crianças. Só havia uma nota de cinco dólares em minha bolsa. Então eu a peguei na mão e declarei: "Eu afirmo que Deus vai multiplicar este dinheiro de acordo com Sua glória e abundância e agora estou repleta das riquezas do infinito. Minhas necessidades estão sendo atendidas agora mesmo e continuarão sendo pelo resto da minha vida."

Ela acreditava nisso. Não foram meras palavras. Ninguém consegue a atenção de Deus com meras repetições de palavras. É preciso ter certeza do que se está fazendo e por que se está fazendo. Você tem de saber que a mente consciente é uma caneta e que você está escrevendo alguma coisa, gravando suas afirmações na mente subconsciente. O que você escrever no subconsciente se tornará realidade na tela do espaço e voltará como forma, função, experiência e acontecimentos — bons ou ruins. Portanto, certifique-se de que está plantando uma semente que dará origem a uma árvore bela e cheia de frutos.

A mulher continuou seu relato:

— Fiquei afirmando que minhas necessidades estavam sendo atendidas naquele mesmo instante e assim o seriam pelo resto da minha vida por cerca de meia hora. Uma grande sensação de paz me envolveu. Saí e gastei livremente os cinco dólares em comida. O dono do supermercado me perguntou se eu gostaria de trabalhar ali como caixa, porque a moça que ocupava o posto havia pedido demissão. Aceitei sem pestanejar e algum tempo depois casei com meu patrão. Nós dois começamos a vivenciar, e ainda vivenciamos, toda a riqueza da vida.

Essa mulher voltou seu olhar para a fonte. Não sabia como seu clamor iria ser atendido, porque nunca sabemos o que está atuando em nosso subconsciente. Ela, porém, acreditava sinceramente nas bênçãos do infinito. Acreditar é viver em um estado de ser, o que também significa estar vivo e desperto para as verdades eternas. O pequeno bem que essa mulher possuía foi engrandecido e multiplicado porque o subconsciente sempre engrandece aquilo ao qual se dá atenção. Lembre-se de que existe uma presença e um poder no fundo do seu ser e que você pode usá-lo à vontade. Por isso, é possível sintonizar-se com ele, clamar por orientação, pela ação correta, por amor, beleza, abundância, paz e segurança. Diga a si mesmo:

As ideias de Deus se desenrolam dentro de mim, me trazendo harmonia, saúde, paz e alegria.

Se você for um empresário, profissional liberal, artista, inventor, apenas sente-se num lugar tranquilo e diga:

Deus me revela ideias novas, criativas, originais e extraordinárias, que abençoam a humanidade de infindáveis maneiras.

Permaneça tranquilo, observando a chegada de ideias sensacionais que estão surgindo em sua mente. Lembre-se do que diz a Bíblia: "Clame por Mim e Eu responderei. Estarei com você na adversidade. No Monte Santo você habitará porque conhece o Meu nome."

"Nome", na Bíblia e em outros escritos antigos, significa a índole, a natureza, e a natureza da Infinita Inteligência é atender. Chame e a resposta virá. Afirme, sinta e acredite constantemente que Deus multiplica tudo o que é bom com extrema magnanimidade e você, a cada instante, será enriquecido em todos os aspectos, sejam eles espirituais, mentais, intelectuais, sociais e financeiros. Não existe fim na glória da vida cotidiana. Observe as maravilhas acontecendo à medida que você vai deixando essas verdades se aprofundarem no seu subconsciente. Quanto mais você escrevê-las e imprimi-las, mais rapidamente irá impregnar a mente mais profunda e seu futuro será glorioso, seja financeiro ou qualquer outro.

Vigie seus pensamentos. Nunca fale sobre problemas e limitações financeiras. Jamais converse com parentes e vizinhos sobre problemas financeiros, carência ou tempos difíceis. Esta é uma atitude tola. Aprenda a contar as bênçãos que você recebeu de Deus e descobrirá que são muitas, mesmo que não esteja gozando de prosperidade financeira. Comece a ter pensamentos de prosperidade. Fale sobre as riquezas divinas que nos cercam. Perceba que a sensação de riqueza produz a própria riqueza. Quando sempre afirmamos que o dinheiro está curto, que precisamos cortar gastos e só comprar alimentos mais baratos, estamos nos empobrecendo, porque pensamentos desse tipo influenciam o subconsciente e criam a carência. Use o dinheiro livremente, deixando-o ir com alegria e a certeza de que a riqueza de Deus virá para você em avalanches de abundância.

Volte sua atenção para a fonte. Se procurar a presença divina que existe em seu interior, a resposta virá porque está escrito: Deus cuida de você, Ele quer lhe dar tudo o que é bom. Verá então parentes, vizinhos, colegas e estranhos lhe trazendo coisas boas e contribuindo para sua tranquilidade financeira. Habitue-se a orar pedindo a divina orientação em todos os aspectos da sua vida, e acredite que Deus, ou a Suprema Inteligência, está suprindo todas as suas necessidades com sua gloriosa riqueza. Clame pelo seu auxílio sem temor. Clame ao trono da graça.

A graça, quando entendida fora do clima de misticismo, nada mais é do que o reflexo ordenado, matemático, do seu modo habitual de pensar e visualizar. Por isso, acostumando-se a ter uma atitude positiva, você descobrirá que a invisível lei da opulência pode produzir, e sem dúvida produzirá, riquezas bem visíveis.

Recentemente, uma médica me contou qual era sua prece habitual:

> Vivo na alegre expectativa do melhor e invariavelmente o melhor vem a mim.

Também saturo minha mente com meu verso predileto da Bíblia:

> A todos Ele dá vida e respiração, e todas as coisas.

Essa mulher aprendeu que não depende dos outros para ter alegria, saúde, sucesso, felicidade ou paz de espírito. Ela se volta para o Todo-poderoso Espírito Vivo que habita seu interior para obter progresso profissional, riqueza e bem-estar. Contemple o avanço, sucesso, realizações, iluminação e inspiração, e o Todo-Poderoso se movimentará em seu benefício, ajudando seu subconsciente a materializar tudo o que você deseja.

Liberte-se dos pensamentos de carência e permita que a bondade infinita abra novas portas para a entrada das riquezas e dar passagem às maravilhas que acontecerão em sua vida.

É importante evitar qualquer tipo de luta ou esforço na terapia da oração. Não tente forçar a materialização dos seus desejos. Por acaso você pode acrescentar força à onipotência? Pode fazer uma semente germinar? Lógico que não. É preciso plantar a semente no solo e esperar que as leis imutáveis da natureza a façam germinar e crescer. A castanheira está na castanha. A maçã está na semente. O arquétipo da espécie está na semente, mas é preciso depositá-la no solo onde vai germinar, sofrer dissolução e doar sua energia para uma outra forma de si mesma.

Quando uma pessoa espiritualizada olha para uma castanha, ela vê uma floresta, e é esse o modo como o subconsciente funciona. Ele aumenta o que é bom com grandiosidade. Portanto, evite a tensão, porque essa atitude denuncia a fraqueza da sua crença. Preocupar-se, sentir medo e ansiedade só serve para inibir o que é bom, porque cria bloqueios, atrasos e impedimentos. Há uma conhecida frase sobre o medo: "O que eu mais temia aconteceu comigo." Reverta a afirmação, dizendo: "O que eu mais prezo, mais amo, aconteceu comigo." No subconsciente encontram-se toda a sabedoria e poder necessários para solucionar qualquer problema.

A mente consciente é propensa a olhar para as condições externas e sua primeira reação é sempre resistir e lutar. Por isso, lembre-se de que um consciente tranquilo abre caminho para a realização dos desejos. Acostume-se a tranquilizar seu corpo regularmente, a mandar sua mente consciente ficar calma e relaxada. Ela vai obedecer. O corpo só se movimenta se recebe ordens para fazê-lo, só age quando recebe ordens para isso porque não possui inteligência ou força de vontade. Portanto, você pode entregá-lo à melodia de Deus, à harmonia do Universo. Se a mente consciente está calma e receptiva, a sabedoria do subconsciente sobe para a mente superficial e você recebe a solução para seu problema.

A dona de um salão de beleza me contou que o segredo do seu sucesso era o hábito diário de relaxar por alguns minutos antes de abrir as portas e afirmar:

> A paz de Deus enche minha alma. O amor de Deus satura meu corpo, mente e espírito. Deus me guia, inspira e me faz próspera. Sou iluminada pela luz do Altíssimo. Seu amor curativo flui de mim e envolve minhas clientes. O amor divino entra e sai pelas minhas portas. Todos os que entram em meu salão são abençoados, curados e inspirados. A infinita presença curadora satura o ambiente. "Este é o dia que o Senhor fez para mim, alegremo-nos e Nele exultemos." Eu me alegro e agradeço as incontáveis bênçãos que caem sobre mim e minhas clientes.

A cabeleireira escreveu esta oração num cartão e todas as manhãs reitera as verdades nele escritas. À noite agradece pelas clientes que atendeu, afirmando que elas são felizes, prósperas e vivem em harmonia, e que Deus, em seu amor, flui em cada uma delas transbordando todas as taças de suas vidas. Prosseguindo o seu relato, ela me contou que três meses depois de começar essa técnica seu salão encheu de clientes e foi preciso contratar mais três ajudantes. A mulher descobriu as riquezas resultantes da prece eficaz e está prosperando de uma forma que jamais poderia sonhar.

Um supervisor de vendas me contou que fora demitido porque bebia durante o trabalho e havia se envolvido com uma das secretárias da companhia. Estava extremamente aborrecido, deprimido e preocupado com a esposa, a renda e o futuro.

Conversando com a esposa em uma ocasião posterior, descobri que ela era anormalmente ciumenta e possessiva, tinha o grave defeito de implicar com tudo e com todos, e tentara, sem sucesso, dominar e controlar o marido desde o início do casamento. Costumava esperá-lo à noite sentada perto do relógio e fazia cenas se ele não chegasse a determinada hora. O marido era imaturo, tanto no aspecto emocional como espiritual, e não conseguia lidar com a situação de uma forma construtiva. Sentia uma raiva intensa no coração por causa desse patrulhamento e resolvera se vingar bebendo em excesso e arranjando uma amante. "Eu só queria dar o troco", explicou.

Depois de algum tempo, ambos concordaram que marido e mulher precisam atuar em conjunto para que o casamento seja bem-sucedido. Procurando a harmonia, o casal abre caminho para a prosperidade e sucesso, e logo terá dinheiro para fazer tudo o que quer. Quem tem meios para realizar seus sonhos na hora que quiser, é mais rico do que um magnata do petróleo. Os dois aceitaram começar um programa de orações diárias, conscientizando-se que ao orar um pelo outro seria impossível haver qualquer tipo de amargura, hostilidade ou ressentimento, porque o amor de Deus afasta para longe tudo o que é diferente Dele. Essa é a pura verdade.

A mulher passou a fazer a seguinte oração todos os dias e noites:

Meu marido é um homem de Deus e Deus o está guiando para seu verdadeiro lugar. O que ele procura o está procurando. O amor divino enche sua alma. A divina paz enche sua mente e seu coração. Ele prospera em todos os aspectos, seja em termos financeiros, espirituais, mentais, sociais ou quaisquer outros. Dia e noite ele está avançando, progredindo e crescendo, tanto em termos financeiros, espirituais, mentais, sociais e intelectuais, pois a vida é crescimento. Existe harmonia, paz e compreensão entre nós, porque a divina ação correta e a divina paz estão atuando em nossa vida.

O marido começou a orar pela esposa da seguinte maneira:

Minha mulher é filha de Deus, do infinito e da eternidade. O amor divino enche sua alma e Deus, como está escrito, cuida dela. O divino amor, paz, harmonia e alegria fluem pelo seu ser em todas as ocasiões. Ela é divinamente guiada e prospera em todos os aspectos. Prosperar é crescer em todas as direções. Existe harmonia, paz, amor e compreensão entre nós. Eu saúdo a divindade que está nela e ela saúda a divindade que está em mim.

À medida que o casal foi relaxando e entendendo a situação, começaram a experimentar a sensação de que receberiam tudo o que era bom. De fato, logo o homem recebeu um telefonema do presidente da companhia, convidando-o a voltar para o seu emprego, elogiando-o pela sua atuação no passado e lhe dando os parabéns por ter se reconciliado com a esposa, um gesto que o deixou um tanto surpreso. Acontece que sua mulher, sem que ele soubesse, fora conversar com o presidente da companhia e lhe contara toda a história, afirmando que agora eram felizes e que a outra mulher sumira de sua vida. Falou também que agora oravam juntos, pedindo um pelo outro, o que impressionou ainda mais o presidente. O casal rapidamente descobriu as dádivas da prece científica, entendendo que as riquezas do Infinito estavam dentro deles.

É possível saber se você foi bem-sucedido em sua prece pelo modo como se sente. Se continua preocupado ou ansioso, se está em dúvida sobre quando, como e onde virá a resposta da sua fonte interior, você está atrapalhando o processo. Esse comportamento indica falta de real confiança na sabedoria do subconsciente. Evite ficar pensando no seu problema o dia inteiro ou mesmo de vez em quando. Quando se trata de desejos, é importante agir com leveza e, sobretudo, lembre-se de que a Inteligência Infinita está cuidando do seu problema dentro da divina ordem, de um modo muito melhor do que você seria capaz de fazer estressando sua mente consciente.

Por exemplo, se você diz: "Preciso de uma quantia equivalente a US$ 5 mil no dia 15 do mês que vem" ou: "O juiz tem de me dar a sentença favorável até o dia 1º", caso contrário vou perder minha casa, carro etc.", é o medo, a ansiedade e a tensão que estão falando, e isso só servirá para criar bloqueios, atrasos e dificuldades. Procure sempre a fonte. Lembre-se de que sua força está na paz e na confiança. A preocupação e o estresse não lhe trarão prosperidade, paz de espírito, saúde ou qualquer outro benefício. Volte-se para a fonte. Crie em sua mente um lugar de repouso absoluto e diga a si mesmo — ou melhor, reitere as seguintes verdades:

> Tudo em que acredito se torna realidade. Todas as coisas estão prontas na minha mente, o que significa que só preciso prepará-
> -la para receber a bênção, orientação, riqueza, resposta, solução

e para me fazer compreender o que devo fazer para encontrar soluções. Eu recebo de acordo com minha fé. "A cada um segundo a sua fé. A tua fé te salvou; vá em paz e fica livre dos teus males." Todas as coisas estão prontas se a mente está pronta. A luz de Deus me ilumina. A paz do Deus Eterno enche minha alma. A calma e a confiança serão minha força.

Deus nos deu abundância para dela usufruirmos. Com Deus tudo se torna possível. Reitere essas verdades tão simples. Diga:

O Senhor é o meu pastor, nada me faltará. Ele me faz deitar em verdes pastagens. Ele me conduz para águas calmas e restaura a minha alma. Quando o chamo, Ele responde. Ele estará comigo nas atribulações. Ele me colocou no alto porque conhece meu nome. Deus é meu reservatório instantâneo e inesgotável de bênçãos e está sempre presente nas horas de aflição.

Repita essas verdades muitas vezes. Leia um Salmo, como o 23 ou o 91, bem devagar, com uma atitude pacífica e amorosa, e você conseguirá entrar em um espaço de repouso e tranquilidade em sua mente. Conscientize-se de que Deus jamais se atrasa e que Ele é a fonte perene que está sempre à sua disposição para guiá-lo e dirigi-lo, para revelar tudo o que você precisa saber, abrindo portas e trazendo a solução. Convença-se que as riquezas de Deus estão circulando em sua vida e sempre há muito mais do que o necessário para solucionar os seus problemas. Quando você age com base nesse estado de espírito, a aurora surgirá, espantando para bem longe as trevas da aflição. Saiba, contudo, que você não terá resposta se estiver preso nas garras da preocupação, medo, tensão e ansiedade, porque elas só atrairão mais carência e dificuldades. Reverta essa situação. Volte-se para a fonte e reitere as grandes verdades. Deixe-se envolver por elas, pensando que Deus é a paz absoluta, a total harmonia, ilimitada sabedoria, o Eterno, o que tudo sabe, tudo vê, tudo conhece, tudo renova e é a origem de todas as bênçãos.

Essa atitude acalmará sua mente e lhe trará paz, e quando a mente está em paz, ela obtém respostas. A força está na tranquilidade e na confiança, na certeza de que Deus tem todas as soluções. Aprenda a largar as preocupações e não fortaleça as condições externas. Dê poder ao infinito, alie-se com a presença e a força que existem em seu interior.

Um professor de natação ensina a seus alunos que eles conseguirão boiar na água desde que se mantenham calmos e imóveis, mas que afundarão se ficarem assustados, tensos ou nervosos. Seguindo essa orientação, quando fizer sua prece, sinta-se imerso na sagrada onipresença, flutuando no rio da vida, enquanto amor, verdade e beleza fluem por todo o seu ser, fazendo-o se ajustar ao modelo de harmonia, paz e abundância criado por Deus. Perceba-se nadando no grande oceano da vida e essa sensação de unidade com a vontade do Criador restaurará sua alma.

A seguinte meditação trará maravilhas à sua vida. Diga, prestando muita atenção às suas palavras:

As grandes verdades estão afundando no meu subconsciente. Vejo-as saindo do meu pensamento ativo para minha mente subconsciente como sementes que estou depositando em solo fértil.

Crio meu próprio destino e minha fé está no Ser Infinito que fez todas as coisas. Essa inabalável fé em Deus é minha fortuna e me traz tudo o que é bom. Vivo em alegre expectativa pelo melhor e só o bem vem a mim. Sei com certeza qual será minha colheita no futuro porque meus pensamentos são os pensamentos de Deus. Meus pensamentos são sementes de bondade, verdade, beleza e abundância. Agora estou plantando minhas sementes de amor, paz, alegria, sucesso, prosperidade, segurança e boa vontade no rico solo da minha mente, que é o jardim de Deus. A glória e a beleza de Deus se materializarão em minha vida e sei que meu jardim florescerá abundantemente, me trazendo uma extraordinária colheita. A partir deste mesmo instante eu manifesto vida, amor e verdade. Estou próspero e radiante em todos os aspectos e Deus multiplica tudo o que existe de bom para mim.

Prosperar significa ter êxito, florescer e gerar bons frutos. Em outras palavras, quando você está prosperando está se expandindo, crescendo espiritualmente e progredindo em todos os aspectos, sejam eles mentais, financeiros, sociais e intelectuais. Jamais sinta ciúmes ou inveja da riqueza, sucesso, automóveis ou diamantes de outra pessoa, porque isso só servirá para empobrecê-lo, atrair carência e limitação para sua vida.

Rejubile-se com a prosperidade, o sucesso e a fortuna dos outros e deseje-lhes ainda mais riquezas, porque o que você deseja para o próximo está desejando para si mesmo. Você é o único pensador que existe em sua mente e tudo o que pensa sobre os outros e deseja para eles fica gravado no subconsciente, que reagirá de acordo, criando coisas boas ou ruins na sua própria vida. Para realmente prosperar, você precisa se transformar em um canal pelo qual o Princípio de Vida pode fluir livremente, com harmonia, alegria e amor.

Eu o aconselho a criar um método bem definido de fazer um trabalho mental em seu próprio benefício e colocá-lo em prática de forma sistemática e regular.

Um rapaz veio conversar comigo e revelou que há muitos anos lutava com um complexo de pobreza. Tinha o hábito de rezar e muitas vezes pedira prosperidade em suas orações, mas jamais recebera resposta às suas súplicas. Logo notei que ele clamava por prosperidade, mas o medo da pobreza pesava em sua mente. Não era de estranhar que só conseguisse atrair mais carência e limitação do que riqueza e progresso. Quando existem duas ideias pressionando o subconsciente, ele aceita a mais forte. Modifique sua mente, tirando dela a crença na pobreza, e colocando nela a crença inabalável nas infinitas riquezas de Deus que nos cercam.

Depois de algum tempo de conversa, o rapaz entendeu que uma imagem-pensamento de riqueza produz riqueza, e que todos os nossos pensamentos são capazes de criar se não forem neutralizados por contrapensamentos de maior intensidade. Também tomou consciência de que seus pensamentos e crença sobre pobreza eram mais fortes do que sua crença na infinita riqueza de Deus que estava à sua disposição. Ele concordou em mudar seu modo de pensar e eu lhe escrevi uma meditação para praticá-la diariamente:

> Sei que existe uma única fonte — o Princípio Vital, o Espírito Vivo —, da qual fluem todas as coisas. Ela criou o Universo e tudo o que ele contém. Eu sou um ponto focal da divina presença.

Minha mente está aberta e receptiva e me transformo em um canal pelo qual fluem sem obstáculos a harmonia, beleza, orientação, prosperidade e as riquezas do infinito. Sei que saúde, sucesso e riqueza vêm de dentro para se manifestar no exterior. Agora estou em harmonia com as riquezas infinitas, internas e externas, e sei que meus pensamentos de abundância estão afundando em meu subconsciente e refletirão na tela do espaço. Desejo que todos os seres humanos recebam as bênçãos da vida. Estou aberto e receptivo às riquezas divinas, tanto espirituais, mentais como materiais, e elas fluem para mim em avalanches de abundância.

Esse jovem passou a focalizar seus pensamentos nas riquezas de Deus e não na pobreza, tomando muito cuidado para jamais negar o que afirmava. Muitas pessoas rezam por riqueza e meia hora depois já estão afastando-a para longe, dizendo: "Não sei como vou pagar esta conta, pois o que eu ganho nunca é suficiente." É como se estivessem zombando das suas orações. Elas me fazem lembrar a história do homem que entra em um táxi em Nova York e pede para ir ao aeroporto. No caminho, ele fala para o motorista voltar. "Esqueci meu passaporte em casa." Algum tempo depois, estão novamente indo para o aeroporto quando o homem diz: "Volte, volte para a cidade, por favor, esqueci minha carteira no clube." O taxista obedece. Quando entram na estrada para o aeroporto, o sujeito bate a mão na cabeça. "Nossa, esqueci uns documentos importantes na casa da minha avó, preciso voltar." E assim o homem, em poucas horas, dá uma dezena de indicações para o motorista. Finalmente, o taxista leva o passageiro para uma delegacia de polícia porque percebe que o homem está mentalmente perturbado.

É assim que milhões de pessoas rezam, mesmo aquelas que conhecem o movimento Novo Pensamento. Dão dúzias de ordens conflitantes para a mente subconsciente por horas seguidas, deixando-a tão confusa que ela fica imobilizada. O resultado é a completa frustração. O termo "frustração" vem de *frustera*, que significa trabalhar sem ganhar nada em troca, ser enganado. Portanto, é errado plantar uma semente e logo desenterrá-la. Pare de contradizer o que você afirmou, pare de caçoar das suas afirmações.

O rapaz que me consultou aprendeu a focalizar seus pensamentos nas riquezas de Deus, e não mais na pobreza, e parou de dizer "Não tenho meios para isso" ou "Nunca poderei comprar um piano ou um automóvel". Tire da sua cabeça a terrível afirmação negativa: "Não posso." Ela é o único demônio do Universo porque seu subconsciente a leva ao pé da letra e bloqueia tudo o que você poderia receber de bom. O jovem mudou sua maneira de pensar e um mês depois sua vida estava transformada. Habituou-se a ler as verdades que lhe escrevi diariamente pela manhã e à noite, mantendo o corpo relaxado e lendo bem devagar e tranquilamente por cerca de dez minutos, para gravá-las na mente, sabendo e acreditando muito bem no que estava fazendo, agindo como se estivesse escrevendo as verdades na mente subconsciente para ativá-la e para libertar seus tesouros ocultos. O subconsciente é como uma mina de ouro ou de diamantes esperando para ser descoberta. O subconsciente é o reservatório de todas as riquezas do paraíso.

Apesar de esse moço ter sido vendedor por dez anos, com poucas perspectivas para o futuro, de repente foi promovido a supervisor, ganhando US$ 50 mil por ano, mais benefícios. Não sabemos como o subconsciente funciona, que meios possui para realizar nossos desejos, mas sabemos que é impossível impregná-lo com a ideia de riqueza e continuar pobre, ou a de obter sucesso e não ser bem-sucedido. O infinito não falha. Você nasceu para triunfar. Que sua prece seja:

> Dia e noite eu estou avançando, progredindo e crescendo. Deus me deu em abundância tudo o que é bom e o direito de usufruí-lo.

Resumo do capítulo

- Quando o dinheiro circula livremente em sua vida, você está economicamente saudável, da mesma maneira que quando o sangue circula livremente em seu corpo, você está fisicamente saudável, sem obstruções.
- Acumular dinheiro excluindo tudo mais faz com que a pessoa se torne desequilibrada, torta e frustrada. Aplicando as leis que regem seu subconsciente da maneira certa você pode ter todo o dinheiro que deseja e também paz de espírito, harmonia, inteireza e serenidade.
- Deus é a fonte da sua energia, vitalidade, saúde, ideias criativas, a fonte do Sol, do ar que você respira, da maçã que você come e do dinheiro no seu bolso.
- Diga todos os dias:

> Nasci para ser bem-sucedido, para vencer. O infinito que está dentro de mim jamais falha. A divina lei e a divina ordem governam minha vida. O divino amor satura minha mente. A divina inteligência me conduz. As

riquezas de Deus *fluem* para mim livremente, com alegria, de maneira incessante e interminável. Estou avançando, progredindo e crescendo tanto nos aspectos mentais, espirituais, financeiros como em todos os outros. Sei que essas verdades estão se afundando em minha mente subconsciente e acredito, firmemente, que darão frutos da sua mesma espécie.

- Afirme, sinta e acredite constantemente que Deus multiplica em abundância tudo o que é bom para você e que, a cada minuto que passa, você está sendo enriquecido tanto no aspecto espiritual como no mental, intelectual, financeiro e social. Não existe fim para a glória da vida cotidiana. Observe as maravilhas que acontecerão à medida que você for gravando essas verdades em seu subconsciente.
- Faça diariamente a seguinte oração:

   Sei que existe apenas uma única fonte — o Princípio de Vida, o Espírito Vivo —, da qual fluem todas as coisas. Ela criou o Universo e tudo o que ele contém. Sou o foco da divina presença. Minha mente está aberta e receptiva. Sou um canal aberto, sem obstruções, para a harmonia, beleza, orientação, abundância e para as riquezas do infinito. Sei que a riqueza, saúde e sucesso vêm de dentro do meu ser e se manifestam no exterior. Agora estou em harmonia com as infinitas riquezas interiores e exteriores, e sei que meus pensamentos de abundância estão afundando em minha mente subconsciente e serão refletidos na tela do espaço. Desejo a todos os seres humanos as infinitas bênçãos da vida. Estou aberto e receptivo às riquezas divinas, sejam espirituais, mentais ou materiais, e elas fluem para mim em avalanches de abundância.

CAPÍTULO 2
Realize seu desejo

O desejo é uma dádiva de Deus. O poeta Robert Browning escreveu: "És Tu, Deus, quem dá; sou eu que recebo." O desejo nos impulsiona, ele é a meta da ação e está por trás de todos os avanços da humanidade. O desejo de saúde, felicidade, inserção, abundância e segurança é o mensageiro do infinito que existe em nós e diz: "Suba mais, Eu preciso de você."

O desejo está por trás do progresso, ele é o impulso do Princípio Vital que habita no seu interior. É por causa do desejo que pulamos para a calçada quando vemos um ônibus vindo em nossa direção, pois possuímos o desejo fundamental de preservar nossas vidas. Os fazendeiros plantam sementes porque desejam obter alimentos para si próprios e suas famílias. Construímos aviões e espaçonaves porque desejamos encolher o tempo e o espaço, e explorar o mundo.

O desejo é o impulso do infinito querendo nos dizer algo que, se aceitarmos, tornará nossa vida mais plena e feliz. Quanto maior o benefício esperado do desejo, maior será o nosso desejo. Quando não existe um ganho, benefício ou avanço esperado, não existe desejo e, por consequência, não ocorre nenhuma ação.

O fracasso em realizar os desejos de ser, ter ou fazer durante um longo período de tempo resulta em frustração. Estamos neste mundo para escolher felicidade, paz, prosperidade e todas as bênçãos da vida. É o desejo que nos permite dizer: "Isto é bom; por isso eu o escolho. Mas este outro é ruim, negativo, por isso o rejeito." Toda a escolha tem em si a percepção de que uma coisa ou situação é preferida quando comparada com outra, que é rejeitada.

A filosofia de certas escolas de pensamento, que dita a repressão e aniquilação do desejo, tem consequências desastrosas porque se uma pessoa fosse bem-sucedida em seguir essa orientação, para ela o bem e o mal seriam a mesma coisa. Nada teria o poder de estimular qualquer tipo de desejo ou de motivar uma ação. Como já vimos, o desejo significa escolher uma coisa em preferência de outra. Se o desejo é aniquilado, deixa de existir a capacidade de escolher.

Thomas Troward, um escritor do final do século XIX que publicou muitos livros sobre espiritualidade e força mental, morou muitos anos na Índia. Ele salientou que os devotos do hinduísmo, ansiosos para aniquilar qualquer tipo de desejo, tanto bons como ruins, tornavam-se formas humanas quase amorfas, nada mais que escombros de seres vivos. Troward constatou que a extinção do desejo significa apatia, falta de sentimentos e de ações. O desejo, portanto, é a causa de todos os sentimentos e ações, o princípio que move o Universo. O desejo é o poder criativo e precisa ser canalizado e orientado com sabedoria e prudência, pois tanto ele como sua realização acontecem dentro da nossa mente.

Não existem desejos maus no sentido real do termo, mas o desejo pode ser mal dirigido ou mal interpretado quando surge em nossa mente. Por exemplo, quem é pobre deseja riqueza; quem é doente, deseja saúde e a saúde será seu salvador. Para alguém que está encarcerado, a liberdade seria seu salvador. Para alguém que está morrendo de sede no deserto, o salvador é a água. A realização do desejo é o salvador. Podemos desejar amor, companheirismo e encontrar nosso lugar certo no mundo, mas uma pessoa que deseja a riqueza pode, por ignorância, tentar transformar esse desejo em realidade matando alguém ou roubando uma loja. Essa é uma má interpretação do desejo que pode terminar em desgraça.

A repressão do desejo talvez só seja boa no caso de a realização ocorrer à custa da integridade da própria pessoa ou do bem-estar dos outros. Por exemplo, o desejo por riqueza material é bom quando conseguimos ou ganhamos dinheiro de maneira honesta para nos trazer boas recompensas, como escolas de qualidade para os filhos e conforto para a família. Mas, se esse desejo por riqueza se tornou tão importante a ponto de não pensarmos em mais nada, negligenciarmos a família e prejudicarmos os outros, transformando-se no ponto focal de nossa existência, não é ele o culpado. A culpa cai sobre a corrupção do significado fundamental de abundância.

Quando aceitamos que existe uma Inteligência Infinita dentro de nós que criou o Universo e tudo o que ele contém, abrimos o caminho para ela tornar realidade todos os nossos desejos e nos livramos de qualquer sentimento de oposição ou frustração. Por exemplo, nosso desejo por comida é legítimo e normal, mas matar alguém para roubar um pão é um ato que gera violência, culpa e autodestruição.

Existe um poder dentro de nós que nos elevará. Um poder que nos colocará na estrada luminosa na direção da felicidade, saúde, paz de espírito e realização dos nossos mais queridos sonhos sem despojar qualquer outra pessoa das Suas bênçãos.

Creio que a maioria dos seres humanos procura *acréscimo, aumento, elevação,* um desejo que é o impulso de Deus que neles habita procurando Sua plena expressão em todas as fases da existência.

Quando o fazendeiro planta sementes e toma o cuidado de regá-las e protegê-las amorosamente, Deus lhe dá o aumento multiplicando a colheita cem vezes, mil vezes. Da mesma maneira, o que plantamos em nossa mente com determinado modo de pensar, alimentando essas sementes com emoção e imaginação positivas, resulta em um aumento na manifestação.

Acréscimo significa a multiplicação do que é bom para nós, o desenvolvimento dos nossos pensamentos ou planos incipientes. É certo que se não houver o início de uma ação, não poderá haver aumento. Ninguém pode iniciá-la sozinho, é Deus que concede o acréscimo.

Plantamos ideias e pensamentos, nós os nutrimos com nossas orações e profunda crença em Deus, e o resultado é nossa colheita de acréscimo — nossa recompensa. Gosto de usar a analogia de semear, regar e colher (acréscimo) porque plantar é um dos princípios mais básicos, imutáveis e confiáveis do Universo, pois as leis da agricultura jamais se alteram. Nosso mundo, seja ele um capinzal ou um deserto, pode se transformar em um lindo jardim, um vinhedo luxuriante, um campo de trigo ondulando sob a brisa — porque é um solo fértil e rico que só espera ser arado e semeado para gerar beleza e sustento, substituindo o antigo mato com seus espinhos, pragas e ervas daninhas.

A semente é um milagre de Deus. Deixada em uma cova do solo, ela desaparece da nossa vista, mas, desde que receba água suficiente, ela morre em sua forma original, gera uma nova planta da sua própria espécie na escuridão do solo que, quando frutificar, dará cem, mil sementes iguais à primeira. Se a qualquer etapa do processo quiséssemos desenterrá-la para examiná-la, não conseguiríamos reconhecê-la por causa da enorme mudança em sua forma original.

Esse é um resumo exato do processo de funcionamento da nossa mente, e mostra que é história e destino dos pensamentos e desejos se multiplicarem, aumentarem muitas vezes.

Uma ideia, um pensamento da mente racional, consciente, desde que seja repetida habitualmente, com regularidade, e não contestada ou contrariada por pensamentos de natureza oposta, é plantada no solo fértil da mente mais profunda ou subconsciente. Essa ideia "morre" na sua forma original, depois começa a se desenvolver, aumentar e se multiplicar em maior ou menor grau, e sobe à mente racional sob forma de experiências de vida. Uma analogia perfeita. O grau do aumento depende da frequência da ocupação mental e intensidade da emoção e imaginação.

Essa fórmula de aumento ou multiplicação é encontrada nos escritos dos filósofos da Antiguidade, nas Escrituras e nos livros sagrados de muitas religiões. No entanto, muitas pessoas me perguntam se esse processo é tão simples: "Por que minha vida é tão confusa, tão ruim?"

Esta pergunta é razoável e mais velha do que o tempo. A resposta é que coisas do coração e da mente são invisíveis e não podem ser descritas com exatidão. Por exemplo, todos reconhecemos o amor quando o vemos em suas inúmeras manifestações, mas não conseguimos vê-lo.

A inteligência também não pode ser vista e só percebemos suas funções e resultados. Alegria, raiva, hostilidade e cólera são invisíveis, assim como também o são bondade, compaixão e cooperação. A verdade só pode ser apresentada mediante comparações, analogias, alegorias e parábolas — as mais antigas técnicas de instrução conhecidas.

Quando um professor tenta transmitir uma noção do que acontece dentro de um átomo, nem ele nem seus alunos podem realmente ver o que está sendo explicado. Por isso, são obrigados a fazer uma comparação simplória, "vendo" os elétrons girarem em torno do núcleo como os planetas giram em torno do Sol.

O mesmo acontece com as leis do acréscimo. À medida que a semente (a ideia ou pensamento) é nutrida (por meio da oração e meditação), as plantas crescem e rendem uma grande colheita (a recompensa).

A fonte inteligente e criativa responde de acordo com nossas convicções, ideias e pensamentos bem plantados e cuidados. Na sua imaginação, comece a regularmente dar graças pelo acréscimo e descobrirá que está havendo uma mudança, um movimento no coração, que novas ideias, contatos e oportunidades estão surgindo por causa do uso construtivo da sua capacidade de imaginar. Em sua mente você "ouvirá" alguém que admira dando-lhe parabéns pelas boas notícias, pela sua boa sorte.

Se você estiver decepcionado com sua vida, plante novas ideias no seu subconsciente e dê-lhes tempo para se enraizar. Elas brotarão, crescerão e florescerão. Se agir de outra forma, você será como o semeador da parábola, cujas sementes caíram em terreno estéril e foram devoradas pelos pássaros.

Plante bem fundo no seu coração receptivo os pensamentos que trarão vida, progresso e ideias brilhantes, e sua colheita será magnífica. Medite sobre o amor, saúde, abundância em todos os aspectos e sobre os talentos que você tem e mal conhece. As riquezas do espírito, percepção e riqueza material serão suas.

Com Deus, tudo é possível. Tudo o que a mente humana é capaz de conceber existe na realidade infinita da Mente Divina. Deus nos deu tudo o que é necessário para nossa vida na Terra, abundância de qualquer coisa que precisamos para viver com alegria e tranquilidade.

Plante no jardim de seu subconsciente o conceito da orientação e proteção de uma deidade generosa e ela será nutrida com emoção, carinho e expectativa de receber, e germinará no fundo do seu ser, emergindo para sua vida aumentada e multiplicada de uma forma que você jamais poderia imaginar ou sonhar.

Um homem que estava desempregado, falido e tremendamente frustrado foi assistir a uma das minhas palestras e ouviu com atenção a preleção sobre o poder do subconsciente. Ele jamais ouvira falar sobre o tema, mas entendeu que havia sentido nas minhas palavras. Assim, ao voltar para casa resolveu colocar em prática meus ensinamentos. Fez uma lista das três coisas que mais desejava, e, seguindo minha orientação, não hesitou em pedir somente o progresso material, porque essas eram suas necessidades e ele tinha pleno direito de vê-las atendidas.

A primeira providência foi arranjar um emprego. Uma renda fixa lhe traria segurança e paz de espírito. A segunda era ter um automóvel. Um veículo automotor foi antes de tudo mais uma ideia na mente de um engenheiro, e mesmo se todos fossem destruídos num holocausto, o mesmo engenheiro poderia projetar outros, muito mais modernos, para serem produzidos em série. Portanto, um automóvel estará sempre à nossa disposição porque, como todas as outras coisas deste mundo, veio da mente humana invisível ou da mente invisível do infinito, que é fonte inesgotável da saúde, riqueza...

O terceiro pedido foi possuir muito dinheiro para atender às suas necessidades e ter sempre uma boa quantia de sobra.

O homem resolveu começar pedindo coisas concretas, pois queria se certificar de que seus pensamentos eram mesmo coisas, como ensinei ao explicar que um livro que eu estava escrevendo era a forma física da ideia que existia em minha mente.

Ele estabeleceu um método de orar e o praticou, conscienciosamente, todos os dias, sem se preocupar com o tempo que levaria para obter resultados. Sabia que ninguém aprende a nadar depois de duas ou três tentativas. Clamou primeiro ao poder divino para encontrar seu verdadeiro lugar na vida da seguinte maneira:

> Sei que a Infinita Inteligência atende a meus pedidos e está me revelando quais são meus verdadeiros talentos. Agora estou tomando consciência dos meus talentos ocultos. Sei que a ideia do meu verdadeiro lugar no mundo e as manifestações que dele resultarão são uma coisa só na Mente Divina. Sigo as orientações que emergem à minha mente consciente, racional, e nunca me engano porque ela vem nítida e facilmente reconhecível. Agora tenho uma renda excelente, que me permite comprar o que necessito para viver bem.

Duas semanas depois de começar as afirmações, encontrou um emprego em São Francisco. Ao assinar o contrato, deu graças e rejubilou-se com a lei da sua própria mente. Voltou-se então para o seu objetivo seguinte, possuir um automóvel, embora não tivesse meios para comprá-lo. Ele contou-me qual foi sua afirmação positiva:

> Sei que a ideia de um automóvel está na minha mente. Ela é real e eu me manterei fiel a ela, que terá de se manifestar em minha vida.

Ele ganhou um carro numa rifa. Se tivesse conseguido dinheiro, não hesitaria em comprar um automóvel, mas teve a "sorte" em um concurso. O modo de obter a realização de um desejo não é importante, desde que não envolva cometer algum tipo de crime.

Esse homem conhecia o segredo do subconsciente. Quando alguém se identifica mental e emocionalmente com a ideia, o subconsciente a faz se tornar realidade. Ele mostrava-se infinitamente grato por ter aprendido essa verdade.

Seu terceiro pedido foi ter muito dinheiro. Continuou fazendo sua meditação diária, todas as manhãs e noites, dando graças pela riqueza de Deus que circulava em sua vida, afirmando que sua ideia de riqueza estava sendo manifestada. Pouco tempo depois de mudar para São Francisco, apaixonou-se por uma viúva que herdara um bom dinheiro e ela se dispôs a financiar a implantação de uma empresa que seria gerenciada pelos dois.

Esse homem estabeleceu um método definido de trabalho mental, afirmando que seu desejo já estava realizado, e escolheu pedir um de cada vez durante suas meditações diárias, sempre agradecendo pela graça já recebida.

Se você decidir seguir o exemplo desse homem e não obtiver resultado depois de duas ou três semanas, abandone esse método e crie um novo, talvez mais adequado para sua personalidade. Mas saiba que a resposta sempre virá. Isso é tão certo como o nascer diário do Sol.

Um jovem que trabalha na estação de rádio na qual tenho meu programa contou-me que decretou ao seu subconsciente que lhe desse um meio de participar do congresso anual de uma organização à qual pertencia. Fez suas orações e meditações regularmente e pouco tempo depois uma porta se abriu e ele foi convidado a viajar com todas as despesas pagas.

No ano passado, esse mesmo rapaz começou a afirmar que a Infinita Inteligência do seu subconsciente lhe revelaria uma forma de viajar para a Europa e conhecer muitos países. Tal como antes, uma porta se abriu e, por uma série de motivos que não vem ao caso, seus parentes se cotizaram para financiar sua viagem e estadia. Esse jovem ainda não tem um emprego fixo e não poderia pagar para realizar seus sonhos, mas sabe como usar sua mente mais profunda. A verdade é que seu subconsciente obedeceu a seus decretos e abriu o caminho para seus desejos se tornarem realidade.

Ninguém precisa furtar, roubar ou fraudar para conseguir o que precisa, porque possuímos a capacidade de acessar o reservatório ilimitado que existe em nosso interior. Peça o que deseja, sinta certeza e alegria ao clamar à Infinita Inteligência e suas necessidades serão atendidas. Cultive a simplicidade e espontaneidade, decida agora que é possível fazer o que você tem vontade de fazer, de ser o que anseia ser. Lembre-se de que "Tudo o que pedirdes com fé, na oração, vós o recebereis".

Nenhuma pessoa instruída de nossa época acredita que um destino cruel nos condena à pobreza, doença, miséria ou sofrimento. Essa é uma crença do tempo das cavernas. Pura tolice. Faltam-me palavras para comentar tanta burrice.

Algumas pessoas acreditam que é errado "desejar". Por acaso é inaceitável reconhecer um desejo de ter uma vida melhor do que temos atualmente? Há quem acredite que é errado querer progresso e prosperidade enquanto existe tanto sofrimento no mundo. Essas ideias têm de ser eliminadas para permitir uma mudança permanente em nossa vida. No sistema de crenças de algumas religiões excessivamente puritanas e repressoras existe uma crença arraigada (ou talvez uma contínua suspeita) de que pedir coisas materiais a Deus é errado. Se você tem sido prejudicado por atitudes desse tipo, chegou a hora de livrar-se delas. Jogue no lixo o véu da dúvida e escuridão espiritual que o mantém na ignorância de que vivemos em um Universo generoso.

A Presença de Deus é o Infinito Princípio Vital que está sempre procurando curá-lo em todos os aspectos, que tende a restaurá-lo e iluminar seus caminhos. Não existe nada que o esteja prendendo à mediocridade, doença ou pobreza senão seus próprios pensamentos e crenças. Saia da sua prisão de medo, carência e solidão. Pare de pensar que Deus é um velho barbudo que está sentado numa nuvem vigiando severamente seus filhos. Deus é a Infinita Presença, o Infinito Poder, e a Infinita Inteligência que está no interior do seu ser, que toma conta de você em todos os momentos da sua vida, mesmo enquanto dorme ou digere uma refeição, e está disposto a atender a seus pedidos mais comezinhos, como: "Quero acordar às duas da manhã." Se você já tentou fazer essa afirmação, sabe que seu pedido foi atendido.

Tome ciência de que a Infinita Presença Curadora está dentro de você e pode revigorá-lo, restaurá-lo. É pura ignorância, blasfêmia até, dizer que Deus o está castigando por algo que você fez. O único pecado que existe no Universo é o da ignorância, e qualquer tipo de punição, miséria e sofrimento é consequência da ignorância. Seu corpo e sua mente são uma coisa só. As pesquisas no campo da medicina psicossomática mostram que as causas subjacentes das doenças físicas estão no emaranhado da mente mais profunda, nas raivas, desejos frustrados, ciúmes, invejas e ansiedades.

É bobagem culpar um Ser Infinito por problemas que criamos para nós mesmos pelo nosso modo errado de pensar, pelo mau uso da lei. Quem usa a eletricidade ignorando seus princípios acaba se dando mal. Pode-se usar a água para afogar uma criança, mas a água não é má. Pode-se fabricar uma mina terrestre para explodir pessoas, mas seus componentes não são maus. A eletricidade, a água, a tecnologia, nos ajudam a viver, a cozinhar nossos alimentos. Os princípios da vida não são maus, tudo depende da maneira como os usamos. O importante é a motivação que está por trás de quem os emprega. Portanto, o poder do subconsciente tanto pode ser usado de modo positivo como negativo.

Uma moça me falou que tudo o que desejava na vida era sabedoria, o que é basicamente o desejo de todos nós. Quem tem sabedoria consegue se expressar plenamente no aqui e agora. Entretanto, nem todos usam a mesma terminologia. O operário que conserta o telhado de uma casa está usando sua sabedoria e executando um trabalho que primeiro existiu na sua mente, tal como um padre, pastor, mulá ou rabino usam sua sabedoria e espiritualidade para transmitir ensinamentos da Bíblia ou do Corão.

Convença-se de que corpo e espírito são uma coisa só. Pare de olhar de nariz virado para as coisas materiais e pare, de uma vez por todas, de separar o Espírito de Deus da carne e sangue do mundo.

Alguém perguntou a Einstein o que era a matéria e a resposta foi: "Matéria é a energia condensada." Há 10 mil anos, os antigos sábios hindus já diziam: "Matéria é o Espírito reduzido ao ponto da visibilidade." E explicaram: "Espírito e matéria são uma coisa só; a matéria é o grau mais baixo do Espírito e o Espírito é o mais alto grau da matéria." Cada ato físico que realizamos, sob todos os aspectos, é sinal de que o Espírito Vivo que habita nosso ser está animando uma forma material. Ninguém está se degradando quando escova um assoalho sujo ou limpa estábulos. Quem se degrada ou desvaloriza é aquele que condena qualquer coisa que faz parte deste mundo.

O bem e o mal estão nos nossos pensamentos e é nosso modo de pensar e sentir que dá cor a tudo o que existe no Universo. Ninguém pode criticar, condenar ou desprezar seu corpo ou o mundo. Nosso corpo é o templo do Deus Vivo, por isso temos de glorificá-lo em nós. O mundo inteiro, o Universo todo, é o corpo de Deus, é a dança de Deus, é a música de Deus.

Um dos meus colegas, o Dr. J. Kennedy Schultz, presidente da Religious Science International, escreveu:

> Ideias são ótimas quando partem da certeza de que os conceitos que favorecem a vida e a cura são universalmente desejados e aplicáveis, e estão disponíveis para todo o gênero humano, quando se apoiam em valores como liberdade individual, paz universal, amor incondicional e produtividade em constante expansão.

Ele ainda acrescentou:

> Essas ideias dão vida renovada a cada criatura desta Terra. São a substância que permitiu à humanidade evoluir, viver cada vez melhor ao longo das eras de nossa existência. Elas são reintroduzidas e professadas em cada geração por um número de indivíduos suficiente para manter a vida humana sempre progredindo, nem que seja vagarosamente, apesar de toda a ignorância e crueldade que flagelaram todos os milênios de nossa existência.

Alguns desses indivíduos se tornaram líderes e inspiradores não somente de sua época, mas das inúmeras gerações que se seguiram, e continuam influenciando o mundo moderno. Entre eles estão Moisés, Krishna, Buda e Jesus.

Eles nos ensinaram o caminho. Sua grandiosa mensagem jamais foi centrada neles mesmos, mas num poder maior que é o responsável por nós. "Eu estou com você sempre" significa a presença viva do Deus amoroso. Esses homens viveram em diferentes épocas e lugares, e só tiveram em comum o modo de pensar, porque o pensamento é o meio pelo qual vivemos e nos relacionamos com o mundo e com os outros. O pensamento tudo cria e é por intermédio dele que aprendemos a apreciar a nós mesmos e a nosso próximo, e entender que o propósito da vida é vermos os nossos desejos abundantemente realizados. Passemos então à nossa meditação sobre o desejo:

> No centro do seu ser só existe a paz, a paz de Deus. Nessa quietude você consegue sentir a força, a alegria e o amor da Sagrada Presença. Conscientize-se de que a Infinita Inteligência

o conduz e orienta em todos os aspectos. Ela é a lâmpada que ilumina seu caminho, o corcel branco com o qual você cavalga pelos campos de sua mente. Afaste sua atenção do problema e concentre-se na realidade do desejo atendido. Diga a si mesmo: "Eu agora estou vendo meu desejo realizado. Eu me alegro em vê-lo realizado." Quando você vê os fins, sua mente encontra os meios para torná-los verdade.

Resumo do capítulo

- O desejo é o impulso do Infinito nos dizendo algo que, se for aceito por nós, tornará nossa vida mais plena e feliz. Quanto maior for o benefício esperado do desejo, mais forte ele deve ser. Onde não existe um benefício esperado, ganho ou progresso, não existe desejo e, portanto, ação.
- O desejo é o Poder Criativo que precisa ser canalizado e dirigido com sabedoria. O desejo e sua realização acontecem em nossa mente.
- Identifique-se mental e emocionalmente com a ideia e o subconsciente a tornará realidade.
- Saia da prisão do medo, carência ou solidão. Pare de pensar que Deus é um velho barbudo que está sentado numa nuvem do céu. Deus é a Infinita Presença, o Infinito Poder e a Infinita Inteligência que existe dentro de nós. Tenha absoluta certeza de que a Infinita Presença Curadora está dentro de você e pode renová-lo em todos os aspectos. É pura ignorância dizer que esta ou aquela situação é um castigo de Deus. É blasfêmia. O único pecado que existe no Universo é a ignorância,

e todos os males, miséria e sofrimento são consequência da ignorância. Mente e corpo são uma só coisa.
- Conscientize-se de que a Infinita Inteligência o conduz e orienta em todos os aspectos. Afaste sua atenção do problema e concentre-se na realidade do desejo atendido. Veja seu desejo realizado e alegre-se com isso. Veja sempre o fato acabado, porque, vendo os fins, sua mente encontrará os meios para torná-los realidade.

CAPÍTULO 3
Programando o seu subconsciente

Para entender como é possível criar riqueza por intermédio do poder da mente subconsciente examinemos mais atentamente o funcionamento desse fenômeno.

Suponha que um psicólogo ou psiquiatra o hipnotizou. Nesse estado, seu consciente ou mente racional está suspenso e seu subconsciente encontra-se em um estado apropriado para receber sugestões. O hipnotizador diz que você é o presidente dos Estados Unidos. O subconsciente aceita essa sugestão sem contestar, como se fosse uma verdade. Ele não raciocina, escolhe ou diferencia, capacidades só encontradas na mente racional. Você então assume um ar de importância e dignidade que considera ser adequado para o ocupante do cargo. Da mesma forma, se a sugestão do hipnotizador foi que você está bêbado depois de lhe ter dado um copo de água, sua resposta será uma encenação do que imagina ser a atitude de uma pessoa embriagada.

Se você dissesse ao psiquiatra que é alérgico a certa erva e depois de hipnotizá-lo ele pusesse um copo de água destilada sob seu nariz, afirmando que é um maço dessa erva, você criaria todos os sintomas de um ataque de alergia e as reações físicas e fisiológicas seriam iguais às causadas pela planta.

Se ouvisse que é uma pessoa em situação de rua vivendo numa área degradada da cidade, imediatamente você modificaria seu aspecto e assumiria a atitude humilde do pedinte.

Em suma, você pode ser levado a acreditar que é qualquer coisa, seja uma estátua, cão, soldado ou nadador, e fará o papel sugerido com incrível fidelidade, baseando-se no seu conhecimento sobre as características dessas coisas ou pessoas.

Também é importante lembrar que sua mente subconsciente diante de duas ideias conflitantes, aceita sempre a dominante, isto é, aquela na qual você acredita mais e aceita sua convicção sem contestar, quer as premissas sejam verdadeiras ou absolutamente falsas. Os pensadores modernos consideram que Deus é a Infinita Inteligência que habita nosso subconsciente e não se importam com o nome que queiram lhe dar, seja Superconsciente, Inconsciente, Mente Subjetiva, Espírito Todo-Poderoso, Suprema Inteligência, Alá, Brahma, Jeová, Realidade, Espírito ou o Olho Que Tudo Vê. O que vale é: ela vive em nosso interior. Todos os poderes do Infinito estão em nós.

Deus é Espírito e um espírito não tem rosto, forma ou aspecto. Ele é eterno, sem fronteiras e não está limitado pelo tempo ou espaço. O mesmo Espírito habita em todos nós, como está escrito na Bíblia: "O Reino do Céu está dentro de você." Sim, Deus está nos seus pensamentos, emoções, imaginação etc. Em outras palavras, a parte invisível de nosso ser é Deus, o Princípio Vital que nos anima, o amor ilimitado, harmonia absoluta e Infinita Inteligência.

O conhecimento de que você pode entrar em contato com esse poder invisível por meio do pensamento elimina do processo de orar, suplicar e clamar qualquer tipo de mistério, superstição, dúvida e questionamento. A Bíblia nos diz: "A palavra era Deus." Palavra, como já vimos, é um pensamento expressado. Com base em tudo o que você já leu, creio que entendeu que o pensamento é criativo e tende a se manifestar em sua vida de acordo com a natureza do seu modo de pensar. Fica evidente, então, que na hora que você entrar em contato com o poder criativo estará descobrindo Deus como sendo o Único Poder Criativo. Único. Não dois, três ou mil, mas apenas um.

Em todas as eras da humanidade, em todos os países que já existiram na Terra, o poder da sugestão influenciou a vida e pensamento humanos. Em muitas áreas do mundo ele continua ativo no controle exercido pelas instituições religiosas. As sugestões podem ser construtivas ou negativas. Em sua forma construtiva, elas são maravilhosas e só trazem benefícios, mas, em seu aspecto negativo, uma sugestão é capaz de destruir todos os modelos de reação da mente, resultando em inferioridade e crenças sobre fracasso, sofrimento, doença e miséria. Uma sugestão pode facilmente ser usada para controlar e dirigir as pessoas que não conhecem as leis da mente.

Vários de nós foram condicionados negativamente quando éramos muito jovens porque na infância todos os seres humanos têm mente impressionável e aceitam sem discutir as sugestões que recebem. O termo mais adequado para essa situação é: programação negativa. Há uma infinidade de exemplos sobre ela. "Você não vai conseguir fazer isso" ou "Você nunca faz nada direito" ou "Você não presta para nada, nunca vi tanta burrice". Pronto, já se formou o complexo de inferioridade. E os adultos ou mais velhos continuam ao longo dos anos: "Não adianta tentar, você não nasceu para isso"; "Você está completamente errado"; "Que adianta, ninguém vai lhe dar importância"; "Por que estudar tanto para se formar? Emprego, só com proteção, e nós não conhecemos gente importante". Na juventude, há sempre os que dizem: "Amor, só nas novelas"; "Todos os namorados traem"; "Você vai ser demitido, a crise está feia"; "Cuidado, você vai pegar essa gripe nova que está por aí". Bem mais tarde: "Você está muito velha para isso, esqueça"; "Sua memória está falhando"; "O mundo está cada vez pior"; "A vida é sofrimento"; "Não se pode confiar em ninguém".

Se você aceitou ou continua aceitando sugestões desse tipo, com toda a certeza programou seu subconsciente com grande negatividade e, sem dúvida, desenvolveu uma sensação de inferioridade, incapacidade ou medo do mundo.

As impressões do passado podem causar padrões de comportamento que geram fracassos em nossa vida pessoal e social, mas, felizmente, mesmo que já sejamos adultos, temos a possibilidade de programar nosso subconsciente de maneira construtiva, fazendo o que é chamado de terapia de recondicionamento. Para nos libertarmos do emaranhado do condicionamento negativo que pode estar distorcendo nosso modelo de vida e dificultando o desenvolvimento de bons hábitos, precisamos recorrer à autoprogramação.

Em qualquer jornal diário deste planeta lemos dezenas de notícias capazes de semear futilidade, consumismo, medo, preocupação, ansiedade e uma sensação de que o fim do mundo está próximo. Se as aceitarmos sem contestar os motivos que estão por trás delas — sensacionalismo para aumentar as vendas, doutrinação política ou religiosa, incentivo ao consumismo —, a impressão que causarão em nossa mente nos fará perder o gosto pela vida. Todavia, se as rejeitarmos, não lhes dando maior importância, substituindo-as por pensamentos positivos, estaremos fazendo uma autoprogramação, dando sugestões construtivas para a mente subconsciente, que formarão uma barreira para nos proteger do verdadeiro bombardeio de informações vindo dos meios de comunicação.

Esteja sempre alerta às sugestões destrutivas que outras pessoas possam estar lhe dando, embora não seja fácil influenciar adultos com ideias negativas, uma vez que todos nós praticamente esgotamos nossa cota de aceitação da negatividade na infância e adolescência. Voltando seu olhar para o passado, com certeza você lembrará como seus pais, parentes, amigos, professores e colegas contribuíram ativamente para uma verdadeira campanha em prol do acúmulo de sugestões negativas. Analise o que você ouve durante um dia inteiro e descobrirá que grande parte estava relacionada com propaganda, cujo objetivo é assustá-lo ou influenciá-lo para comprar este ou aquele produto ou serviço. As sugestões negativas entram em todos os lares, escritórios, fábricas, escritórios e clubes.

Há um meio certo de programar sua mente subconsciente. Todas as manhãs de sua vida, reserve alguns minutos para se sentar num canto tranquilo, relaxe e afirme:

> A divina lei e a divina ordem governam minha vida. A divina ação correta reina suprema. O divino sucesso é meu. A divina harmonia é minha. A divina paz enche a minha alma. O divino amor satura todo o meu ser. A divina abundância me pertence. O divino amor me envolve e me guia hoje e todos os dias, aplainando meu alegre e glorioso caminho.

Um capitão da Marinha programou seu subconsciente durante a Segunda Guerra Mundial e reiterou as verdades que escreveu com bastante frequência. Pouco a pouco, por meio de repetições, fé e expectativa, elas penetraram em sua mente mais profunda. Como o subconsciente é compulsivo, o capitão foi compelido a viver uma vida de harmonia, paz e amor. Ele criou uma programação inusitada, uma versão pessoal do Salmo 23 e, todas as manhãs e noites, repetia:

> O Senhor é meu piloto. Eu não navegarei à deriva. Ele me conduz por águas escuras. Ele me guia nos canais profundos. Ele mantém meu diário de bordo em dia. Ele me orienta pelas sagradas estrelas sagradas, que Ele mesmo criou. Sim, embora eu navegue por entre os trovões e tempestades da vida, não terei medo porque Ele está comigo. Seu amor e Seu cuidado me protegem. Ele me conduz por águas tranquilas e no fim da minha vida encontrarei o porto que preparou para mim na pátria da eternidade. Ele unge as ondas com óleo e meu navio singra os mares calmamente. Não tenho a menor dúvida de que a luz do Sol e das estrelas iluminarão minhas viagens e eu repousarei para sempre no porto de meu Deus.

Digamos que Charlie é um sujeito mal-humorado, irritável e temperamental, mas gostaria de mudar. Um dos modos de fazê-lo seria sentar-se todas as manhãs por alguns minutos, e também à tarde e à noite, antes de dormir, respirar fundo e afirmar:

> De hoje em diante estarei sempre de bom humor. Terei mais alegria, felicidade e paz de espírito. A cada dia me torno mais cordial e compreensivo. Agora estou me tornando o centro da alegria, simpatia e boa vontade, e irradio essas qualidades para todos os

que me cercam, impregnando-os com o meu bom humor. Essa atitude feliz, alegre e descontraída agora está se tornando o meu estado de espírito natural e habitual e eu dou graças por isso.

Pela repetição, Charlie escreve essas afirmações no seu subconsciente e assim consegue reprogramar sua mente, influenciá-la, e como a natureza do subconsciente é compulsiva, ela o compelirá a se tornar mais agradável, simpático e bem-humorado. Será preciso fazer essas afirmações muitas vezes, reiterá-las, repeti-las, porque elas têm de ficar gravadas na mente mais profunda, e o que é fortemente impresso no subconsciente volta como uma forma, função, experiência ou acontecimento.

Você também pode fazer isso. De manhã, antes de começar as atividades do dia, sente-se por alguns minutos e faça suas afirmações positivas. Assim você estará se reprogramando, escrevendo na sua mente subconsciente, alimentando-a com sugestões construtivas. Lembrando-se de repetir suas ordens e anunciar essas verdades, acreditando nelas, elas se aprofundarão na mente subconsciente que, por ser compulsiva por natureza, as fará se tornarem realidade.

Em uma palestra que dei no templo da Unity, em Nova Orleans, alguém me contou que um homem que costumava frequentar as reuniões vivia reclamando da sua vizinhança: "Há muitos assaltos em meu bairro. Preciso deixar meu estabelecimento aberto até tarde e qualquer noite vai chegar minha vez. Vou acabar levando um tiro." Os outros participantes o aconselhavam a parar com esse modo de falar, alertando-o sobre o perigo das sugestões negativas.

O homem não dava atenção aos conselhos e continuou programando seu subconsciente com ideias destrutivas. Bem, ele foi mesmo assaltado e levou um tiro que o deixou em estado grave

AUMENTE O PODER DO SEU SUBCONSCIENTE PARA TRAZER RIQUEZA E SUCESSO

Seu modo de pensar foi extremamente prejudicial. Se estava assustado, poderia ter recorrido ao Salmo 91 e dizer algo como:

> Eu estou sob a proteção do Altíssimo, moro à sombra do Onipotente. Direi do Senhor: "Meu esconderijo, minha fortaleza, meu Deus, em quem confio. Ele me cobrirá com Suas penas, sob Suas asas encontrarei refúgio. A Sua verdade será meu escudo e broquel. Não temerei os terrores da noite nem a flecha que voa de dia. Meu refúgio é o Senhor, fiz do Altíssimo minha morada."

Se o homem tivesse reiterado essas verdades compreenderia que poderia ficar envolto no amor de Deus. Onde estivesse, Deus estaria. Repetindo essas afirmações positivas, teria criado imunidade a todos os males. Palavras como essas são anticorpos espirituais que nos protegem em todas as circunstâncias e nos deixam impregnados do amor de Deus. Esse é o modo certo de programar o subconsciente.

Há alguns anos um detetive me falou sobre uma mulher que tinha sido assaltada. Durante as investigações no seu apartamento, onde ocorrera o crime, ele encontrou uma pilha de recortes de jornais e, para sua surpresa, viu que ali estavam vinte anos de notícias sobre crimes famosos. A mulher, portanto, estivera programando seu subconsciente de maneira negativa e acabou vivendo o que tanto temia. Esse é o modo mais errado de agir. O medo é a fé de cabeça para baixo, é a fé na coisa errada.

Durante uma coletiva de imprensa, um político confessou aos jornalistas que tinha pavor de ser assassinado, nem parecia notar que falava protegido por um vidro à prova de balas e vários seguranças armados. Obviamente, ele não conhece as leis da mente, não sabe que poderia vencer seu medo declarando algo como:

Não temerei mal nenhum, pois comigo estás. Teu bastão e Teu cajado me dão segurança.

O bastão significa o poder e o cajado é a autoridade. Peça a proteção da Infinita Inteligência e ela lhe será dada.

Se Deus está comigo, quem está contra mim? Tu és meu refúgio, felicidade e graça vão me acompanhar por todos os dias de minha vida.

Uma pessoa atormentada pelo medo deve afirmar pensamentos de confiança como:

Eu moro à sombra do Altíssimo, o círculo sagrado do eterno amor de Deus me protege, visto a armadura de Deus. Por onde quer que eu ande, a luz de Deus me envolve e ilumina meu caminho.

Esse é o modo certo de programar o subconsciente para criar imunidade, tornando-nos impermeáveis, invulneráveis, invencíveis diante de qualquer mal. Uma pessoa é o que pensa na sua mente mais profunda e é de acordo com esse modo de pensar que ela age, expressa e vivencia.

Essa é a lei. Não estou falando dos pensamentos que estão constantemente passando pela nossa cabeça, mas dos do coração, do subconsciente. Tudo o que nele é impresso toma a forma externa. Lembre-se, quando você está lidando com o subconsciente, está fazendo-o também com o poder do Altíssimo, Aquele que move o mundo, que movimenta as galáxias no espaço. Ele é o Todo-Poderoso, nada é capaz de se opor a Ele. A consciência é Deus, a consciência não condicionada é a percepção, o "EU SOU", o Espírito Vivo de Deus. A consciência é a união da mente racional com o subconsciente, a soma total das suas aceitações, crenças, opiniões e convicções. Isso é Deus, o único Deus que você jamais conhecerá.

Pensamentos e sensações criam seu destino: se você pensa "com uma mentalidade de pobreza", será sempre pobre, mas se pensa "prosperidade", prosperará. A consciência é Deus porque ela é o único poder criativo que existe em sua vida. Não é errado falar em Pai Interior, porque seus pensamentos e emoções, consciente e inconsciente, são o pai de tudo o que acontece em sua vida. Quando o consciente e subconsciente, ou o coração e o cérebro concordam sobre alguma coisa, ela se torna real, seja verdadeira ou falsa, boa ou ruim. Lembre-se, é você quem faz a escolha, que cria e dá forma ao seu próprio destino. Sua "sorte" é a fé em Deus, e ela deve ser depositada na bondade de Deus, na Sua orientação e na beleza e glória do Infinito.

Eu ensino constantemente: "Nenhuma manifestação acontece sem a intervenção do Pai." Pai são seus próprios pensamentos e emoções, portanto, qualquer experiência de vida é resultado dos modelos existentes na mente subconsciente. Existe uma causa para tudo o que vivenciamos e essa causa, naturalmente, está em nossa mente.

Um homem disse-me que sempre sonhara com o sucesso nos seus empreendimentos e progresso em todos os aspectos de sua vida, mas nunca conseguira transformá-los em realidade. Durante nossa conversa, percebi que ele abrigava uma sensação de culpa em seu coração e achava que devia ser castigado por uma falta qualquer. Não havia dúvida que se esforçava com a mente consciente, repetindo com seu intelecto: "Eu me dedico, trabalho arduamente." Entretanto, em sua mente mais profunda esse homem estava programado e condicionado para fracassar. Uma crença o compelia a não ser bem-sucedido e lhe causava a sensação de não merecer o sucesso. Ele acalentava em sua mente um quadro de fracasso e sentia que era um pecador, que devia ser punido.

Como já vimos, a lei do subconsciente é compulsiva, é o poder Todo-Poderoso, é o poder de Deus. Ensinei esse homem a reprogramar sua mente, afirmando que ele nascera para vencer, para ser bem-sucedido em todos os seus empreendimentos, para triunfar, e que tinha de se conscientizar que o Poder Infinito estava dentro dele. O Infinito é Todo-Poderoso, não conhece o fracasso. Ele criou todas as coisas e não existe nada que possa se opor a Ele, ou seja, nada capaz de distorcê-Lo ou prejudicá-Lo. Ele é o Único Poder. Por fim, eu o fiz entender que com seu modo de pensar estava punindo a si próprio e lhe dei as seguintes afirmações para ler diariamente, de manhã, à tarde e à noite:

> Eu nasci para vencer, para ser bem-sucedido na vida, relacionamentos, trabalho e em todas as fases de minha existência, porque o Infinito está dentro de mim e Ele não fracassa. Sinto o poder do Todo-Poderoso envolvendo meu corpo e nele penetrando. Ele é minha força, meu poder, minha sabedoria. O sucesso me pertence. A harmonia me pertence. A riqueza me pertence. A

beleza me pertence. O amor divino me pertence. A abundância me pertence.

O homem seguiu minhas instruções e passou a repetir essas verdades não somente três vezes por dia, mas em todas as oportunidades que surgem em sua vida cotidiana. Reiterava-as enquanto dirigia, antes de entrar no prédio onde trabalhava ou quando ia conversar com algum cliente. Fazia essas afirmações positivas com regularidade e tomava cuidado para não negar o que afirmava.

Pouco a pouco foi se tornando bem-sucedido, porque conseguiu impregnar seu subconsciente pela repetição e ensinar seus pensamentos a se fixarem nas grandes realizações. Se você seguir esse exemplo, se anunciar verdades de maneira regular e sistemática, maravilhas acontecerão em sua vida.

Quando nascemos, ninguém precisou nos ensinar como encontrar o seio de nossa mãe, porque havia uma sabedoria subjetiva nos orientando, nos dirigindo. Como diz a Bíblia: "Escreverei minhas leis em vossas partes íntimas; eu as escreverei em vosso coração. Serei seu Deus e vós sereis meu povo." Portanto, todos os poderes de Deus estão dentro de nós, e as leis e verdades de Deus estão escritas em nossa mente subjetiva. Todos os órgãos vitais estavam controlados quando nascemos e continuam sob controle mesmo enquanto dormimos. Em todos os dias e noites de nossa existência a Inteligência Divina governa os órgãos vitais do nosso corpo: respiração, circulação, digestão, pulsação etc.

Essa é a presença de Deus dentro de nós. A presença e o poder de Deus estão dentro de nós. As grandes e eternas verdades estão dentro de nós e foram inscritas em nosso coração antes de nascermos. Entretanto, todos começamos a ser programados, condicionados por outras pessoas no instante que viemos à luz neste mundo. Milhões e milhões de pessoas foram programadas com temores, falsas crenças, tabus e superstições. Como Phineas Parker Quimby, o pioneiro do movimento Novo Pensamento, escreveu em 1847:

> Cada criança é como uma pequena lousa e inúmeras pessoas se aproximam dela e escrevem alguma coisa, entre elas avós, avôs, ministros religiosos, mãe, pai, irmãos e irmãs.

Quando nascemos, começamos a receber uma avalanche de sons e luzes, crenças e opiniões, ordens — sim e não —, medos e dúvidas. Ninguém nasceu com medo, ninguém nasceu com preconceitos, crenças religiosas ou conceitos falsos ou esquisitos sobre Deus ou a vida. Então, por que todos nós, sem exceção, temos essas ideias impressas em nossa mente? De onde elas vieram? A resposta é simples: alguém nos deu essas ideias, alguém nos programou, muitas vezes negativamente. Muitas pessoas foram ensinadas que eram pecadoras nas mãos de um Deus colérico.

Tive oportunidade de conversar com mulheres, belas, atraentes e bem-educadas que só usavam saias compridas e meias grossas por acreditarem que qualquer outra vestimenta levava ao pecado. Acreditavam que era pecado usar maquiagem de qualquer tipo ou enfeitar-se com joias e bijuterias. Pecado terrível! Jogar cartas? Deus me livre, cartas são coisa do diabo. Cinema e televisão? Perdição. Grandes pecados! Eu as instei a acordar, a se vestir com elegância para Deus, e ensinei que nada no Universo criado por Ele é mau.

O mundo inteiro, como o conhecemos, já estava aqui quando elas nasceram, com todas as suas cores, belezas, metais preciosos, o canto dos pássaros, o rugir dos animais, as plantas, as estrelas do céu. Enfim, tudo foi criado para ser objeto de júbilo e louvor.

Expliquei a essas mulheres que elas estavam neste planeta para dançar, que precisavam aprender a dançar a melodia de Deus, a dança infindável do Universo criado por Ele.

— Aprendam a tocar instrumentos, jogar golfe, a falar em público, tudo o que vocês não fazem. Voltem à escola, terminem seus estudos, estudem novas línguas, aprendam um ofício, tenham uma profissão, ganhem seu próprio dinheiro. Conversem com muitos homens, entendam seus pontos de vista, expandam seus horizontes. Vocês estão aqui para ter uma vida plena e feliz. Nasceram em um mundo objetivo e devem se divertir, ter liberdade para se expressar, para criar. Naturalmente, também estão aqui para orar, ler a Bíblia e meditar, mas isso faz parte do mundo subjetivo. Deus criou tanto o mundo objetivo como o subjetivo e declarou que tudo era bom. Portanto, não existe nenhum mal em cantar, dançar, jogar cartas ou assistir a um bom filme ou programa de televisão. Nada é bom ou mau por natureza, é o pensamento que cria essa dicotomia.

Qualquer mulher quer ser amada e mimada, gosta de receber atenção, quer sentir que é desejada. A mulher precisa aprender a viver, a fazer todas as coisas que lhe causam medo. Só assim o medo desaparecerá.

Continuei minha preleção:

— Vocês foram vítimas de uma lavagem cerebral, foram programadas de maneira negativa e destrutiva. Contudo, a vontade de Deus é que tenham mais alegria, felicidade, amor e paz de espírito.

Essas mulheres aprenderam a lição. Atualmente, é comum vê-las saindo para o teatro, vestidas com elegância, usando maquiagem e joias — às vezes uma aliança de casamento. Sim, elas se transformaram, reprogramaram sua mente subconsciente.

Quando eu era jovem me ensinaram que a criança educada numa religião qualquer antes de completar 7 anos jamais conseguiria abandoná-la. É óbvio que não existe nenhum empecilho real para uma pessoa mudar de crença religiosa, mas não é fácil, porque na infância, principalmente se a família era muito religiosa, ela foi fortemente influenciada, muitas vezes de forma negativa. Na infância, somos suscetíveis, impressionáveis e fáceis de ensinar. Acatamos sugestões sem pestanejar. Não temos raciocínio para rejeitá-las, e com isso aceitamos as muitas falsas crenças e conceitos errôneos a respeito de Deus, da vida e do Universo.

De onde veio sua crença religiosa? Você, com certeza, não nasceu com ela. É verdadeira, razoável? Ou parece-lhe ilógica, irracional? Tem fundamento científico? Há pessoas que pensam como Pat, que veio conversar comigo. Ele acreditava que seu destino estava traçado porque consultara uma cigana que lia cartas e todas foram desfavoráveis. Em seu modo de pensar, as cartas não mentem jamais. Ora, ele aceitou esse conceito, gravando-o no subconsciente.

Essa falsa crença estava causando perturbação em sua mente, fazendo-o acreditar que determinadas pessoas lhe estavam desejando o mal, que os infortúnios o aguardavam, que havia um azar em sua vida. Criara essa lei distorcida para si próprio e agora era controlado e governado por ela, porque as hipóteses, crenças e convicções do ser humano ditam e controlam todas as suas ações conscientes. As sugestões são poderosas.

O Dr. David Seabury contou-me o caso de um homem pouco instruído que tinha uma deficiência física que praticamente o impedia de ficar em pé. Pretendendo fazer uma experiência sobre sugestão, fingiu ser capaz de analisar as potencialidades de uma pessoa com base no formato do crânio e características das mãos. Depois de examinar o homem atentamente, disse-lhe:

— Você está destinado a ser um grande evangelista, um grande missionário. Deus o ungiu para subir ao púlpito e pregar a Palavra maravilhosamente.

O homem tornou-se um membro ativo da igreja que frequentava e, de fato, acabou se transformando em um grande pregador. Ele aceitou a crença de que fora escolhido por Deus para divulgar o Evangelho e, de acordo com ela, crer é receber. Bem simples.

Existe um Único Poder, uma Única Presença. Seus pensamentos e emoções criam tudo o que você vivencia. Então, como você está programando seu subconsciente? Sabe qual é uma das maiores verdades: "Ouve, Israel, o Senhor nosso Deus é o único Senhor!" (Dt 6:4). Nesse contexto, "Israel" não se refere a um povo ou religião específica, mas a todas as pessoas que sabem que Deus é o Todo-Poderoso, soberano e supremo, e dão aliança, devoção e lealdade ao Único Poder, o Espírito Vivo que têm dentro delas. Ele não concede um poder próprio às coisas que criou, inclusive à humanidade.

Seu mestre ou senhor é sua ideia ou crença dominante, sua convicção. Digamos que você acredita em um Deus de amor, um Pai misericordioso. Se essa crença está enraizada em sua mente, então ela é a única presença e poder, dominante e suprema. Estabelecendo uma aliança com ela, dando-lhe devoção e lealdade, sua vida será maravilhosa.

Infelizmente, as crenças negativas estão espalhadas pelo mundo inteiro. Na Inglaterra, existe uma "lenda" de que novembro é o mês do reumatismo e, de fato, surgem inúmeros casos da doença, que são atribuídos ao clima frio e úmido do início do inverno. Entretanto, os que só têm crises reumáticas nessa época estão colhendo o que plantaram, porque programaram sua mente e ela aguarda esse mês para transformar a crença em realidade. Digamos que um membro de uma família sempre tem reumatismo em novembro enquanto os outros, que moram na mesma casa, comem a mesma comida, bebem a mesma água, nunca adoecem. O motivo é simples, estes acreditam em saúde independente das intempéries do clima e em uma vida longa e produtiva. Uma crença muito difundida é que uma corrente de ar frio causa resfriados ou que se alguém começa a espirrar num ambiente fechado, todos os presentes pegarão gripe. Alguns realmente ficarão gripados, porque receberão de acordo com o que creem, mas muitos continuarão saudáveis porque não foram condicionados com essas superstições. Quantas vezes já ouvimos: "Molhei os pés na chuva, agora vou ter dor de garganta." Ora, a água é só um elemento químico, H_2O, e nunca falou: "Vou lhe dar uma dor de garganta, uma gripe, resfriado ou coisa parecida."

Tudo são crenças e condicionamento negativo. O ar é inócuo, o ar da noite também é inócuo porque continua sendo uma mistura de gases, nitrogênio, oxigênio, hidrogênio e outros, sendo, portanto, inofensivo. São as crenças, os condicionamentos, que causam essas reações. Sua crença é seu mestre e senhor, e pode haver muitos senhores, mas existe apenas um Senhor, o Pai de tudo o que existe, o governador de todas as coisas. Há pessoas que passam o dia sentadas sob um ventilador ligado e saem dali lépidas e saudáveis. Outras acham que se fizerem o mesmo acabarão com um dolorido torcicolo. Ora, o vento do ventilador é apenas um conjunto de moléculas movendo-se no espaço com velocidade aumentada. Mais nada.

Fomos nós mesmos que inventamos leis sobre contágio, friagem, vento encanado, correnteza de ar e água, e depois apontamos para portas abertas, ventiladores ou poças de água como os culpados pela nossa doença, mas há os que chamam essas ideias de bobagem e riem delas. Se houvesse uma lei decretando que todos os que sentam perto de um ventilador ligado ficarão com torcicolo, qualquer pessoa que fizesse isso ganharia um pescoço duro. Ora, essa afirmação não é lei nenhuma, mas uma crendice inventada, absolutamente inofensiva, que você mesmo ou outras pessoas gravaram em sua mente. Pare de criar leis tolas que não precisam ser obedecidas.

Tome o exemplo de um rapaz que criou para si uma lei afirmando que ele é alérgico a rosas vermelhas. Investigando seu caso com maior atenção, descobrimos que há vários anos ele namorava uma garota que adorava rosas vermelhas e gostava de usá-las presas ao vestido. Essa moça rompeu o namoro e fugiu para se casar com outro homem. O rapaz jamais a perdoou por isso, não a libertou, não se permitiu afastá-la de sua vida e a mágoa e o rancor continuam em seu subconsciente, sempre à espreita para se manifestarem. Assim, sempre que se depara com uma rosa vermelha, tem grandes crises de espirros. Ora, a causadora da alergia não é a rosa, mas a moça, ou melhor, a mágoa escondida no seu subconsciente. Quando a namorada rompeu o relacionamento, ele deveria ter se despedido dela desejando-lhe felicidade e paz, mesmo se apenas mentalmente, e alegrar-se por ela ter encontrado o homem dos seus sonhos, pedindo a Deus para acompanhá-la. Agindo dessa forma, o rapaz, além de fazer a coisa certa, estaria agindo de maneira muito egoísta, pois estaria abençoando a si próprio.

Lembre-se: o que você deseja aos outros está desejando para si mesmo. Nada que existe no mundo exterior tem poder sobre você, a não ser que esteja gravado na mente consciente e subconsciente. A mente racional escolhe, mas a subconsciente não contesta ordens. Um etilista, por exemplo, com certeza deu-se repetidas sugestões de que é incapaz de lutar contra o vício, que é fraco, desprezível e só merece rejeição, e continua bebendo em excesso, negando a divindade que está dentro dele, o poder do Todo-Poderoso que habita seu interior. Depois de tantas sugestões negativas, ele perdeu a capacidade de escolha, transformando-se num bebedor compulsivo. Antes disso acontecer o homem tinha escolha e poderia ter dito: "Vou tomar só dois ou três cálices, nada mais." Agora não pode mais agir dessa maneira porque perdeu o poder e o subconsciente é o único poder deste mundo que pode afirmar "Eu quero" e fazer o desejo ser atendido.

Esse homem rejeitou a Única Presença e o Único Poder e implantou sugestões negativas na sua mente mais profunda mediante constantes repetições. Entretanto, ele será capaz de eliminar essas gravações. Algumas pessoas diriam que isso é impossível porque o homem é um bebedor compulsivo. Há, é lógico, jogadores e comedores compulsivos e muitos outros tipos de compulsivos, e todos eles são vítimas da compulsão por causa da contínua repetição de sugestões negativas. É inútil dizerem: "Vou deixar de beber, jogar ou comer", podem até jurar pela Bíblia ou pela mãe, mas nada vai acontecer. O bêbado continua pensando no bar e vendo-se sentado no balcão e, ao fazer isso, está escrevendo ou gravando a ideia do etilismo ainda mais fundo na mente subconsciente e, como resultado, está sendo compelido a sair para beber.

O subconsciente reage de acordo com nosso modo habitual de pensar e com as imagens que criamos em nossa mente. Colhemos o que semeamos, isto é, o que imprimimos no subconsciente se manifesta como verdade. Se introduzirmos dados errados num computador, ele nos dará uma resposta errada. Por isso, devemos alimentar a mente subconsciente com modelos de vida positivos.

Tomemos como exemplo um caso hipotético. Sally tornou-se etilista e confessa que não consegue livrar-se do vício. A primeira providência a tomar é perguntar se ela está realmente decidida a abandonar o álcool porque, quando seu desejo de deixar de beber for maior do que o de continuar, Sally já terá atingido 75 por cento da cura. A partir desse ponto, a força do Todo-Poderoso a alimentará e agirá em seu benefício.

Ela toma uma decisão. Afirma que a sobriedade e a paz de espírito agora lhe pertencem: "Eu decreto isso, estou falando a verdade, sou absolutamente sincera." Em seguida, visualiza-se fazendo o que mais gosta. Se for uma advogada, cria uma imagem mental e vê-se atuando num tribunal, apresentando um caso ao juiz, ou sentada em seu escritório, atendendo a um cliente. Está bem penteada e elegantemente vestida, e, após a audiência, volta para perto da família. Sally precisa viver o papel, precisa criar seu futuro no aqui e agora. E, sempre que surgir a vontade de beber, terá de rever essas cenas como se estivesse assistindo a um filme.

Agora Sally está vivendo o papel e a força do Todo-Poderoso a apoia enquanto ela continua a pensar em sobriedade, paz de espírito e liberdade. Visualizando as cenas e repetindo as afirmações, em pouco tempo ela começa a sentir a alegria resultante desse processo maravilhoso que vai de pensamento, emoções e imagens para a função e o fato.

Como se fossem sementes, a decisão de não mais beber e as imagens que a acompanham acabam afundando e morrendo na mente subconsciente para dar origem aos frutos gerados pelas preces. Sim, Sally é capaz de derrotar o vício. Ela está reprogramando sua mente para ter harmonia, sobriedade e paz, e a força do Todo-Poderoso está libertando-a da ânsia por bebida. Sally também se perdoa por acalentar pensamentos negativos e, sobretudo, perdoa seus familiares e outras pessoas com quem convive e derrama sobre elas amor, paz e boa vontade. É fácil saber quando realmente perdoamos alguém. Criando um quadro mental, devemos nos ver conversando com essa pessoa. Se não houver uma pontada no coração, uma sensação de mágoa, é sinal que conseguimos perdoá-la, porque derramamos sobre ela amor, boa vontade e harmonia e lhe desejamos todas as bênçãos da vida.

Todos nós estamos aqui para crescer, aprender e libertar o esplendor que se encontra preso dentro de nós. Não nascemos com todas as nossas faculdades plenamente desenvolvidas e precisamos aprender a desenvolvê-las. Estamos aqui para afiar nossos instrumentos mentais e espirituais e encontraremos profunda alegria ao vencermos as dificuldades. Não somos animais, nem robôs. Temos liberdade para escolher. Temos vontade e iniciativa, e é por meio delas que descobrimos nossa divindade. Não há outro caminho. Ninguém nasceu obrigado a ser bom, nem é regido somente pelo instinto. Portanto, temos a capacidade de nos tornarmos santos, de sermos o que quisermos ser.

Estou abrindo diante de você uma porta que ninguém é capaz de fechar. Pense em coisas boas, verdadeiras, belas e nobres, pense nelas o dia inteiro. Comece a recondicionar sua mente. Visualize-se fazendo o que almeja fazer, porque você vai para onde está sua visão. Ela é o que você está vendo e pensando, é o foco da sua atenção. Focalizando continuamente sua atenção no que é bom, sua mente mais profunda responderá e você será compelido a emergir para a luz, porque o Poder Infinito fará tudo se movimentar em seu benefício. Aproveite todas as oportunidades para reiterar as grandes verdades. Diga:

"Existe um Único Poder, uma Única Presença, uma Única Causa. Ele é amor ilimitado, inteligência infinita e harmonia absoluta. Ele me satura e me envolve em cada instante da minha vida."

Repita essas frases dirigindo seu automóvel, caminhando pela rua, no supermercado, na cabeleireira. Lembre-se constantemente dessas grandes verdades.

Escolha o bem, a ação correta. Irradie amor, paz e boa vontade para todos e reitere as afirmações de manhã, à tarde e à noite.

As verdades finalmente afundarão em seu subconsciente e ele tornará realidade tudo o que nele foi gravado. Há pessoas que são automaticamente orientadas para tomar as atitudes certas, porque repetiram continuamente para si mesmas:

> A Infinita Inteligência me guia. Tudo o que faço dá certo. A ação correta me pertence.

Elas reiteram essas verdades três vezes por dia, porque sabem que existe um princípio da ação correta, da orientação, que é ativado a partir de um ponto interior infinito. Muitas parecem ter o toque de Midas, assim, tudo o que tocam se transforma em ouro.

A graça é a resposta automática do subconsciente para o pensamento e visualização da mente racional. Acostume-se a repetir afirmações positivas nas mais diferentes situações. Você pode adaptar algumas frases de textos bíblicos, como:

> Nenhum mal temerei, pois estás junto a mim; teu bastão e teu cajado me tranquilizam. O Senhor é minha luz e minha salvação, a quem temerei? O Senhor é a força da minha vida, por isso de nada terei medo.

Sentei-me ao lado de um rabino durante uma viagem de avião e ele me contou que quando era garoto frequentava uma escola na qual meninos e meninas tinham de estudar e decorar trechos do Deuteronômio, como este:

> (...) Amarás o Senhor teu Deus com todo o teu coração, com toda a tua alma e com todas as tuas forças. E trarás gravadas no teu

coração todas essas palavras que hoje te ordeno. Tu as repetirás com insistência aos teus filhos e delas falarás quando estiveres sentado em casa, ou andando a caminho, quando te deitares ou te levantares. Tu as prenderá como sinal à tua mão e as colocarás como faixas entre os olhos; tu as escreverás nas entradas da tua casa e nos portões da tua cidade (...) Temerás [temer significa respeitar] o Senhor teu Deus, a Ele servirás e só por Seu nome jurarás. Não seguirás outros deuses dentre os deuses dos povos vizinhos porque o Senhor teu Deus, que mora no meio de ti, é um Deus ciumento. Não suceda que a ira do Senhor teu Deus, inflamando-se contra ti, venha a exterminar-te da face da Terra. (Dt 6:5-15)

"Deus ciumento" significa que você não deve respeitar qualquer outro poder, não pode fazer aliança com qualquer coisa que tenha sido criada. Você tem de reconhecer que existe apenas o Único Poder.

A ideia por trás desse texto é que o povo de Deus tem a obrigação de manter uma firme convicção em seu coração: "Amarás o Senhor teu Deus." Amor significa aliança e lealdade. "Não seguirás outros deuses" significa que só devemos conceder o poder à Única Presença, recusando-nos a entregá-lo a qualquer criatura, seja homem, mulher, criança, qualquer coisa criada, Sol, Lua, estrelas etc., porque, ao fazê-lo, você não tem mais Deus. "Um Deus ciumento" deve ser entendido como uma ordem para não aceitarmos nenhuma programação negativa, reconhecendo que só o Único pode nos governar e que só com Ele podemos fazer aliança.

Algumas pessoas usam talismãs, amuletos ou símbolos, como cruzes ou medalhas com figuras de santos, letras em sânscrito ou hebraico, estatuetas de Buda ou deuses indianos para se lembrarem de Deus. Todavia, nada disso é necessário, porque o que realmente importa é incorporar as grandes verdades na alma. É por intermédio do pensamento que entramos em comunhão com Deus. Por isso, recebemos a dádiva de ser capazes de nos comunicar instantaneamente com Ele e nos conscientizar de mais uma grande verdade: "O Senhor é meu pastor e nada me falta." Deus suprirá todas as nossas necessidades com sua riqueza e glória infinitas, e nossa força está na confiança que temos em suas incontáveis bênçãos. Devemos ter sempre em mente que as verdades devem ficar incorporadas em nosso coração.

Essas verdades têm de ser absorvidas e digeridas. As repetições não são feitas para alcançar os ouvidos de Deus, mas para você poder absorvê-las, digeri-las e incorporá-las à sua alma. Repetindo-as constantemente, interiorizando-se para anunciá-las à sua mente mais profunda muitas e muitas vezes, você começará a acreditar nelas e a convencer-se que existe apenas um Único Poder. Essa crença se tornará um absoluto filosófico em sua mente e você não mais duvidará que o EU SOU em seu interior é o único Deus que existe e que Ele é onipotente, onisciente e onipresente.

Moisés nos ensina que não adianta atravessar oceanos ou subir pelos ares para encontrar Deus. A palavra para querer e fazer está em sua boca e para Deus nada é impossível. Jesus disse: "Se permaneceres em Mim, e Minhas palavras permanecerem em vós, pedi o que quiserdes e vos será dado." (Jo 15:7)

Esse ensinamento, e muitos outros encontrados na Bíblia, demonstra a exatidão das leis mentais e espirituais. Sempre haverá uma resposta direta da Infinita Inteligência que está em sua mente subconsciente para a mente racional. Por isso, programe seu subconsciente de maneira construtiva, harmoniosa e pacífica. Peça acreditando que irá receber, sabendo que se pedir pão, jamais receberá uma pedra. A mente se move do pensamento para a realização, da imagem para a realidade.

Sua prece, que é o ato mental, tem de ser aceita como uma imagem na mente antes de o poder do subconsciente conseguir atuar sobre ela de maneira produtiva. Você tem de atingir o ponto da aceitação em sua mente, um estado de total concordância com o que pensa. Essa contemplação, ao prever a realização do desejo, deve ser acompanhada de um sentimento de alegria e tranquilidade.

O fundamento para a arte e ciência da verdadeira programação do subconsciente é o conhecimento e total confiança no fato de que o movimento da mente consciente resultará numa nítida resposta do subconsciente, que é uno com a Infinita Visão e o Infinito Poder. O modo mais fácil para criar uma ideia é visualizá-la, vê-la com o olho da mente, tão vívida como se fosse real. Com nossos olhos carnais só podemos ver o que já existe no mundo que nos cerca e, similarmente, o que pode ser visto com o olho da mente já existe em nosso reino interior. O que formamos em nossa imaginação é tão real como qualquer parte do nosso corpo. Ideias e pensamentos são reais e um dia, se formos fiéis à imagem mental, surgirão no nosso mundo objetivo.

O processo do pensamento forma impressões na mente. Elas, por sua vez, se manifestam como fatos e experiências em nossa vida. Um arquiteto pensa no tipo de prédio que pretende erigir e o vê como terminado. Suas imagens e processos mentais tornam-se um molde do qual sairá o edifício, que poderá ser bonito ou feio, um arranha-céu ou uma construção térrea. Pouco a pouco um construtor e sua equipe juntarão os materiais essenciais e o edifício irá crescendo, progredindo, até sua conclusão, em conformidade perfeita com os modelos mentais do arquiteto.

Use a técnica da visualização para ver seus desejos realizados. Se um ente querido está muito doente, acalme sua mente e em seguida veja essa pessoa gozando de plena saúde, dizendo-lhe que Deus fez um milagre e que nunca se sentiu melhor na sua vida. Veja a alegria em seus olhos e o sorriso iluminando seu rosto. Veja-o em casa, fazendo o que gosta, livre da doença, radiante, feliz. Construa esse quadro em sua mente, faça um pequeno filme juntando esses acontecimentos. Esse filme também é uma prece. E, lembre-se, uma imagem vale por mil palavras.

William James, o pai da psicologia estadunidense, salientou que o subconsciente trará à realidade qualquer quadro mental, desde que ele esteja respaldado pela fé. Veja-se como se fosse, e você será. Veja-se como sendo agora o que deseja ser. Ore repetindo seu filme mental muitas e muitas vezes e aos poucos ele irá afundando no seu subconsciente e trará maravilhas para sua vida.

Façamos uma meditação com quadros mentais: imagine que você está percorrendo a estrada do Rei, sem virar à direita ou à esquerda. Seu caminho é o caminho de Deus e todas as estradas Dele são agradáveis e pacíficas. Coloque-se sob a orientação de Deus, perceba que Ele o está dirigindo. Há uma ação correta na sua vida e a Presença Sagrada vai à sua frente para tornar seu caminho reto, alegre, glorioso. De agora em diante você está na estrada real dos antigos, no caminho do meio de Buda, na estrada de Jesus, na estrada para Meca. Sua estrada é a estrada do Rei, porque você é o rei dos seus pensamentos, sentimentos e emoções. Envie à sua frente os mensageiros do amor, paz, luz e beleza de Deus, que precedem sua caminhada hoje e sempre para tornar a estrada reta, plana, bela, alegre e feliz. Percorrendo a estrada do Rei você sempre encontrará esses mensageiros. Não hesite em enfrentar as curvas tortuosas e o caminho que leva ao alto da montanha, porque você sabe que enquanto seu olhar permanece fixo em Deus, nenhum mal tem poder para prejudicar seu avanço. Quer você esteja dirigindo um carro ou viajando de trem, ônibus, avião ou a pé, conscientize-se de que está protegido pela invisível armadura de Deus. O Espírito do Senhor está sobre você, fazendo de todos os caminhos uma estrada para o seu Deus interior.

Sua convicção da Presença de Deus é forte e poderosa. O clima espiritual que o envolve abre caminhos retos, planos, belos, prósperos e felizes. Sinta o amor divino enchendo sua alma, a paz divina inundando sua mente. Perceba que o Deus que está dentro de você agora o está guiando e iluminando o seu caminho. Saiba que há uma lei sobre o equilíbrio perfeito entre a procura e o reservatório, e você pode entrar em contato instantâneo com tudo o que precisa e deseja. Você está sendo divinamente guiado em todos os seus caminhos e seus dons estão sendo multiplicados.

Tenha sempre em mente a grande bênção da Bíblia divulgada por homens santos de muitos povos:

> Que Deus te abençoe e te guarde. Que o Senhor mostre Sua face para ti e tenha misericórdia de ti. Volte para ti o Seu rosto e te dê a paz.

Jesus disse:

Eu vos deixo a paz, eu voz dou a Minha paz.

Não tenha medo, confie em Deus e assim você caminhará em paz e será alimentado. Alimentado com sabedoria, verdade e beleza, com harmonia, saúde, prosperidade e paz.

Resumo do capítulo

- Para entender como você pode criar riqueza por meio do poder do seu subconsciente, é importante compreender o funcionamento desse fenômeno.
- Muitos de nós fomos condicionados negativamente quando éramos crianças. Na infância, somos impressionáveis e suscetíveis às sugestões, sejam boas ou ruins. Precisamos aprender a converter as más sugestões em pensamentos positivos.
- Existe um modo certo de programar sua mente subconsciente. Todas as manhãs de sua vida sente-se por alguns instantes imóvel, em silêncio, procurando relaxar. Então afirme:

  A divina lei e a divina ordem governam minha vida. A divina ação correta reina suprema. O divino sucesso é meu. A divina harmonia é minha. A divina paz enche minha alma. O divino amor satura todo o meu ser. A divina abundância é minha. O divino amor vai à minha frente hoje e todos os dias, endireitando minha estrada, aplainando meu caminho, fazendo com que seja alegre e glorioso.

- Seus pensamentos e sentimentos criam seu destino. Quem pensa com uma "mentalidade de pobreza", sempre será pobre. Pense "prosperidade" e você prosperará.
- O subconsciente reage de acordo com seu modo habitual de pensar e criar imagens mentais. Colhemos o que semeamos. Tudo o que é impresso no subconsciente é manifestado. Quando alimentamos um computador com dados falsos, ele nos dará uma resposta errada. Devemos sempre alimentar a mente subconsciente com modelos de vida positivos.
- Deus fornecerá tudo o que você precisa porque Suas riquezas são inesgotáveis. A tranquilidade e a confiança serão sua força. Lembre-se de que as verdades têm de ser incorporadas ao seu coração e não ao seu cérebro.
- William James salientou que a mente subconsciente transformará em realidade qualquer quadro mental, desde que ele seja respaldado pela fé. Veja-se como deseja ser. Veja-se como sendo agora o que quer ser. Repita esse filme em sua mente muitas e muitas vezes. Pouco a pouco ele irá afundando no subconsciente e maravilhas acontecerão. Um quadro mental também é uma prece.

CAPÍTULO 4
O maravilhoso poder da decisão

As pessoas bem-sucedidas, possuem uma característica singular, que é sua capacidade de tomar decisões rápidas e persistir nelas até obterem resultado. Um renomado industrial uma vez me contou que nos seus cinquenta anos de experiência, lidando com homens e mulheres que trabalhavam tanto no campo comercial como no de processamento, constatou que todos os que fracassavam também tinham algo em comum: hesitavam em tomar decisões. Eles vacilavam e esperavam, e, quando chegavam a uma decisão, não se mantinham firmes nela até obterem os resultados esperados.

O poder de decidir e escolher é a principal faculdade mental de um indivíduo e sua mais alta prerrogativa, porque é essa capacidade de escolher e tomar medidas para colocar uma ideia em prática que revela o poder de criar que nos foi concedido por Deus.

Recebi uma carta de um jovem membro da minha congregação dando-me um exemplo marcante do poder da decisão. Sabendo que o poder maior apoiaria sua ideia, ele decidiu ter o automóvel que tanto desejava. Tinha certeza de que, se decretasse a realização desse desejo com emoção e firmeza, seu subconsciente encontraria algum meio para atendê-lo.

"Decidi possuir o carro dos meus sonhos, mas não tinha o dinheiro necessário para comprá-lo. Resolvi confiar na minha mente mais profunda e deixei de pensar no assunto fora dos períodos em que fazia minhas afirmações, porque sabia que meu subconsciente já tinha a resposta. Numa sexta-feira, fui convidado por um colega para acompanhá-lo a um show para adolescentes que seria realizado no domingo e decidi aceitar o convite. Quando chegamos, ficamos sabendo que haveria o sorteio de um automóvel da marca que eu tanto desejava. A probabilidade do meu ingresso ser sorteado era de 35.000 para um, mas fui o ganhador e recebi o carro dos meus sonhos. Sei que o motivo de ele ter se tornado realidade foi minha fé e confiança na minha mente mais profunda. Continuo reiterando as verdades do Infinito e, atualmente, minha vida é uma completa harmonia. Vim agradecer-lhe por ter aberto meus olhos para o Poder Supremo e faço questão de vir aqui todos os domingos porque suas palavras me incentivam ao longo da semana. Seus pensamentos e palavras estão proporcionando uma vida melhor para mim e minha família."

Uma moça me contou que se sentia solitária, confusa e frustrada porque não conseguia decidir se devia ou não se casar. Não escondi minha surpresa diante dessa dúvida, mas ela me explicou que sua mãe era muito dominadora e a alertava constantemente sobre os perigos de fazer um mau casamento e implicava com qualquer rapaz que ela lhe apresentava, apontando defeitos e prevendo uma vida de sofrimento se chegasse a casar com ele. A situação se repetia há tanto tempo que a moça perdera toda a iniciativa e poder de decisão e agora vivia triste e desconsolada. Em outras palavras, essa jovem mulher criara uma prisão para ela mesma.

Sugeri que começasse a tomar decisões sem pressa, uma após a outra, pois antes todas as decisões eram tomadas por sua mãe. A moça decidiu comprar suas próprias roupas, ter lições de dança e natação, e alugou um apartamento para morar sozinha, que mobiliou e decorou sem pedir opinião para ninguém. Habituou-se a tomar suas próprias decisões e depois de algum tempo conheceu um ótimo rapaz e acabou casando-se com ele, sem consultar a mãe, apenas seguindo os ditames do seu coração. Descobriu que sempre é tempo de tomar decisões e mudar de vida.

Lembre-se sempre de que nunca é tarde demais para criar ordem em uma mente confusa ou acertar uma vida complicada, desde que se tome decisões lógicas, nas quais se deve persistir até darem resultado.

Betty L. também estava indecisa. Aos 26 anos ainda morava na casa dos pais, apesar de ter um bom emprego e renda suficiente para se manter sozinha, com bastante conforto.

"Sinto-me profundamente infeliz e frustrada. Quero muito ter meu próprio apartamento, mas meus pais nem admitem ouvir falar nisso. Parece incrível, mas eles nem me dão permissão para mudar a decoração do meu quarto. Minha família inteira diz que sair de casa seria uma maldade, que estou errada por querer abandonar meus pais. Tudo isso me deixa tão indecisa! Será que Deus não quer me ver feliz?"

É óbvio que essa mulher deveria estar vivendo sua própria vida. Não existe indecisão. Ela tomara a decisão de *não* decidir. Os que temem tomar decisões ou têm medo de fazer escolhas estão, na realidade, recusando-se a reconhecer sua própria divindade.

Eu a fiz ver que fora abençoada com uma mente individual, só sua, e que cabia a ela, e a ninguém mais, tomar a decisão de ser independente, feliz e próspera. Teria de aceitar essas verdades em sua mente racional e seu subconsciente reagiria dando-lhe a motivação para agir.

A moça não perdeu tempo em tomar uma decisão. Começou a agir e à sua frente abriu-se um mundo inteiramente novo. Meses depois ela escreveu que de início seus pais e sua família haviam reagido muito mal, mas agora estava tudo em paz, porque aceitavam sua independência. "Pela primeira vez na minha vida estou entusiasmada e feliz. Mal consigo acreditar."

A carta que se segue mostra a fé de uma mulher em seus processos mentais e na sua capacidade de decidir e aderir à sua decisão, sabendo que sua mente é una com a Mente Infinita, pois existe uma Única Mente, que é comum a todas as pessoas.

"Há alguns anos sofri um grave acidente de automóvel. Posteriormente, o médico disse-me que jamais vira um pescoço e coluna com tantas fraturas e que, quando eu dera entrada no pronto-socorro, imaginou que eu não sobreviveria. Mesmo naquele lamentável estado, tomei a decisão de continuar vivendo e também decidi que seria curada pelas forças do Poder Infinito. Inúmeras vezes eu ouvira o senhor dizendo que recebemos de acordo com nossa crença, com nossas decisões. Pedi ao hospital a presença de um pastor para rezar por mim regularmente e sempre afirmava que a Infinita Presença Curadora estava me devolvendo a integridade física e que meus ossos estavam perfeitos. Houve uma cura maravilhosa. Os médicos afirmavam que eu teria de usar um colete ortopédico por vários meses, até anos. Entretanto, só precisei dele por algumas semanas e atualmente meu pescoço e minha coluna recuperaram a normalidade. Meu coração está transbordando de gratidão. Agora sei, ainda com maior convicção, que recebemos de acordo com nossa decisão. Decidi ser curada e a Infinita Presença Curadora agiu para me atender."

Um dia eu conversava com um conhecido farmacêutico e ele disse-me que a nossa vida, devido às naturais complicações econômicas, profissionais e financeiras com que nos deparamos, gera uma confusão que dificulta a tomada de decisões. Ele, porém, desenvolvera um método que acreditava ser ideal para chegar à decisão certa e tomar a atitude correta. Falou que sua citação bíblica preferida era: "Tranquilizai-vos e reconhecei que Eu sou Deus", encontrada no Salmo 46.

> Eu me convenço do fato de que Deus, ou a Infinita Inteligência, habita dentro de mim e focalizo toda a atenção nessa Presença Divina. Imagino que o Infinito está me respondendo. Relaxo meu corpo e me entrego, sentindo que estou envolvido pelo amor e pela luz da Divina Presença, que vou me afundando na tranquilidade e no silêncio de Deus. E então, límpida como cristal, a resposta salta à minha mente e é sempre a mais adequada para a ocasião.

Esse farmacêutico criou uma excelente técnica para receber soluções para os seus problemas e tomar as decisões corretas orientado pelo Poder Infinito que está no interior do seu ser. Como escreveu Thomas Carlisle: "O silêncio é o elemento em que as grandes ideias se criam."

Escrevi uma prece que tenho dado a milhares de pessoas para orientá-las nas tomadas de decisões e os resultados têm sido maravilhosos:

Tudo o que preciso vem para mim da Infinita Presença que habita meu ser. A Infinita Inteligência está operando, revelando-me o que preciso saber. Eu irradio amor, paz e boa vontade para toda a humanidade por intermédio dos pensamentos, palavras e atos. Sei que tudo o que envio volta para mim aumentado mil vezes. O Deus que está em mim sabe a resposta e a resposta perfeita está disponível para mim neste instante, pois Deus é o eterno agora. Agora é o dia da salvação, agora é o tempo certo. A Infinita Inteligência e a Divina Sabedoria tomam todas as decisões por meu intermédio, em minha vida só há decisões e ações corretas. Eu mergulho nesse infinito oceano de amor e sei que a divina decisão correta agora é minha. Estou em paz. Caminho sob a luz cintilante da fé, segurança e confiança no único poder que existe. Reconheço a liderança que surge em minha mente consciente e racional. Não tenho como errar. Deus fala comigo em paz, não em confusão. Obrigado, Pai, pela resposta que estás me dando agora.

Essa prece traz resultados extraordinários. Sempre que você estiver em dúvida sobre o que fazer ou dizer, sobre a decisão que precisa tomar, sente-se, tranquilize-se e afirme essas verdades. Leia em voz alta, vagarosamente, com reverência e emoção. Faça isso três vezes por dia, em um clima de paz, e você receberá o divino impulso. Vivenciará o conhecimento interno e silencioso que virá de sua alma. Algumas vezes a resposta vem como uma sensação de exatidão; em outras, ela é uma intuição forte ou uma ideia que vem à sua mente como se fosse uma torrada saltando da torradeira. Intuitivamente você reconhecerá a resposta certa, a decisão correta que deve ser tomada. Aprenda a tomar decisões por meio da prece inteligente e criativa. Orar por auxílio é saber que existe uma Inteligência Infinita que está pronta para atendê-lo. Quando você a chama, Ela responde. "Procura e acharás; bata e a porta vos será aberta."

Saiba que pedindo pão a Deus jamais receberemos uma pedra, porque Ele é o Pai amoroso.

Quando usamos o termo "lógico", estamos querendo dizer que o julgamento foi razoável, sólido, válido e fundamentado no princípio racional do Universo ou no modo de ser de alguma coisa ou no que é coerente. É lógico pensar no *bem*, porque só o *bem* pode resultar desse pensamento. É ilógico pensar no mal e esperar que o resultado seja o bem, como se sementes ou pensamentos pudessem gerar frutos de uma espécie diferente da sua. Vivemos em um universo espiritual e mental, e a lei mental sempre reina suprema. As decisões lógicas baseiam-se na Infinita Sabedoria que faz astros, estrelas e galáxias girarem no cosmos.

Uma vendedora de uma loja de departamentos em Los Angeles era interessada no mercado de capitais desde muito jovem e se tornara uma investidora bem-sucedida. Resolvida a subir na vida, fez um curso noturno para obter a qualificação para trabalhar no mercado de capitais. Munida do diploma, começou a procurar emprego nas corretoras de valores, mas já havia feito inúmeras entrevistas e não conseguia colocação.

— Não sou contratada por ser mulher. Tenho a qualificação que pedem, mas eles simplesmente não querem mulheres nas firmas — reclamou, desanimada.

— Minha sugestão é que você tome uma decisão e afirme corajosamente: "Agora estou empregada em uma corretora de valores ganhando um ótimo salário, agindo com integridade e justiça."

Expliquei-lhe que no instante que chegasse a uma decisão e persistisse nela seu subconsciente reagiria abrindo o caminho para a realização do seu ideal. Também a instruí para seguir o conselho que com certeza emergiria para sua mente racional.

A sequência dos acontecimentos é interessante. A mulher sentiu um forte impulso de colocar um anúncio no jornal da cidade oferecendo-se para trabalhar sem remuneração por dois meses, salientando que tinha um grande círculo de amigos como clientes potenciais. No dia seguinte três corretoras telefonaram fazendo propostas de emprego e ela aceitou uma delas. Esse resultado mostra que precisamos ter fé na nossa capacidade de decidir porque, uma vez tomada uma decisão embasada, amparada pela fé nos poderes do subconsciente, acontecerão maravilhas em nossa vida e baniremos para longe qualquer frustração.

Pessoas que receiam tomar decisões ou fazer escolhas estão, no fundo, recusando-se a reconhecer sua própria divindade, pois o Infinito habita em todos nós. Temos o direito divino e cósmico de escolher. Podemos escolher ser saudáveis, felizes, prósperos ou bem-sucedidos porque temos domínio sobre nosso mundo. A mente subconsciente está sujeita aos decretos da mente racional e tudo o que decretarmos terá de acontecer. Parafraseando um ensinamento bíblico: "Colhemos o que semeamos"; o que o homem semear no seu subconsciente, ele colherá. Colherá na tela do espaço como forma, função, experiência ou acontecimento.

A lei do subconsciente não tem preferências, como qualquer outra lei da natureza, por isso, o que fazemos gera consequências. Colocar a mão num fogão quente é ilógico e causa queimaduras. Pular do alto de um prédio é ilógico porque a lei da gravidade é impessoal e imutável e, se a pessoa morrer, ninguém dirá que a gravidade quis vingar-se dela. É ilógico acreditar que dois mais dois são cinco. É pura tolice tentar ir contra as leis da natureza, as leis imutáveis do Universo, o modo como as coisas são. É ilógico roubar, porque isso só serve para nos empobrecer. Quem rouba está atraindo carência e limitação e aumentando a miséria em sua vida.

Um homem uma vez me disse: "Nunca sei o que fazer ou o que seria lógico e razoável. Não consigo decidir nada."

Expliquei-lhe que ele já havia tomado uma decisão, havia decidido não se decidir. Uma tola decisão, não? Uma decisão ilógica, nada razoável ou científica. Com a decisão de não decidir, esse homem escolhera aceitar o que vem da mente das massas, em que todos estamos imersos, e que é extremamente negativa, deixando a lei do acaso decidir por ele, como se estivesse recusando-se a dirigir sua própria mente.

Quem se recusa a decidir está deixando as condições e circunstâncias decidirem por si. Você aceitaria que sua sogra, sogro, ou um desconhecido qualquer tomasse decisões sobre sua vida? Quem não pensa por si próprio permite que a mente de outra pessoa ou da massa da população pense por ele. Se há medo, preocupação ou ansiedade no seu pensamento, você não está pensando. Está sob a influência da mente das massas, do acaso.

Fiz ver a esse homem que o verdadeiro pensamento não tem medo ou ansiedade: "Você é como um engenheiro, um cientista.

Pensa a partir de princípios, leis e verdades eternas. Seus pensamentos podem ser construtivos e seguir uma linha definida."

Ele começou a perceber que era tolice não pensar por si próprio, não raciocinar e não deduzir, permitindo que a lei das médias ou o pensamento da massa da humanidade tomasse decisões por ele. Essa mente das massas é cheia de medo, ódio, ciúmes e inveja. Apesar de haver algo de bom nela, a maioria dos seus pensamentos é negativa, porque gira em torno de tragédias e infortúnios de todos os tipos. Quem não escolhe seus pensamentos, não escolhe suas emoções. Quem vai escolhê-las, então?

Escrevi uma série de afirmações positivas para esse homem, instruindo-o a mudar radicalmente de atitude e meditar sobre temas construtivos:

> Acredito em meu próprio poder, minha capacidade e na integridade dos meus processos mentais e espirituais. Eu me pergunto, se eu fosse Deus, que decisões tomaria? Sei que meus motivos são justos e meu desejo é fazer a coisa certa. Todas as minhas decisões são tomadas com base na certeza de que a Infinita Sabedoria está decidindo por meu intermédio e é impossível não haver a ação correta.

Depois de repetir muitas vezes essa prece, o homem começou a tomar todas as decisões necessárias para gerir sua vida familiar e profissional e hoje é bem-sucedido em todos os aspectos. Sua saúde melhorou, sua eficiência aumentou e ele sente-se envolvido em um clima de mais amor, compreensão e prosperidade. O Poder Infinito fortaleceu todas as suas decisões.

Você tem a capacidade de decidir. É errado deixar outras pessoas mandarem em sua vida ou dizer: "Deixarei Deus decidir por mim." Quem diz isso está dirigindo-se a um deus que está longe dele, um deus que está flutuando entre as nuvens do céu. Deus ou a Infinita Inteligência só pode agir através de você, por meio do seu próprio pensamento, visualização e decisão. A Sagrada Presença já fez tudo por você. Deus criou você e o Universo, Ele lhe deu uma mente consciente e uma mente subconsciente e, sobretudo, deu-se para você. O Infinito, a Suprema Inteligência que é a Presença de Deus, está nas profundezas de seu subconsciente.

A Infinita Inteligência está no seu interior para ser usada e você entra em contato com Ela através do pensamento, e Ela agirá por meio do seu pensamento. Para que o universal possa agir no plano individual, ele tem de ser o indivíduo. O universal não fará nada para você se não atuar por meio do seu pensamento.

Você está aqui para escolher. Você tem vontade e iniciativa. Aceite sua divindade agora mesmo, aceite a responsabilidade e tome as suas decisões. Ninguém tem condições de saber o que é melhor para você. Quem rejeita sua divindade está pensando com base na fraqueza e inferioridade, como se fosse um servo. Escolha hoje mesmo a quem você quer servir. Escolha coisas verdadeiras, belas, justas, puras e honestas. Decida entronizar esses pensamentos positivos em sua mente e mantenha-se firme nessa decisão.

Um etilista me contou que uma vez um sujeito encostou uma arma na cabeça dele e disse que lhe estouraria os miolos se ele bebesse o uísque que estava à sua frente: "Não consegui evitar. Tive de beber, é uma compulsão terrível. Nem me importei com a possibilidade de levar um tiro, de cair morto."

Essa atitude me mostrou que ele tinha um enorme poder, que toda a força do Infinito estava sustentando sua decisão de beber e que a situação que vivenciava estava de acordo com a decisão que tomara. Aconselhei-o a reverter essa atitude e pedi que declarasse solenemente por dez minutos as seguintes afirmações:

> Cheguei a uma conclusão definitiva em minha mente. Minha decisão é que estou livre da maldição do etilismo. O Infinito Poder apoia minha decisão e agora estou totalmente liberto. Vivo sóbrio, tenho paz de espírito e dou graças ao Infinito pela minha nova vida.

Esse homem não ingere bebidas alcoólicas há anos e nem pensa mais no seu vício. É uma nova pessoa. O poder de decidir não estava na garrafa, mas dentro dele. Quando chegou a uma decisão, teve força para mantê-la.

Deus é o Infinito, Ele não pode ser dividido nem multiplicado. Diz a Bíblia: "Eu faço a luz. Eu crio as trevas. Crio a paz e crio o mal. Eu, o Senhor, faço todas essas coisas."

Estas palavras retratam com lucidez e dramaticidade que existe um Único Poder, que Ele pode ser usado para lhe dar à luz, isto é, quando você recorrer a Ela, a Infinita Inteligência elucidará qualquer dúvida, solucionará qualquer problema. Você só precisa chegar a uma decisão certa em sua mente. Criamos a escuridão quando dizemos: "Estou travado. Estou bloqueado, não há saída para mim." Que decisão tola! O Infinito sabe o caminho e somente Ele conhece a resposta. Adotando essa atitude negativa, você está dizendo: "A Infinita Inteligência não conhece uma saída", o que é absurdo. É devido à sua decisão errada que você vive nas trevas ou confusão criadas pela sua ignorância e mau uso da lei da mente.

Criamos a paz abrigando em nossa mente pensamentos verdadeiros, belos e nobres. Criamos o mal pensando de maneira negativa, maldosa e destrutiva. Pergunte a si mesmo: "Como estou usando este poder? A que tipo de decisão cheguei?" Decida que você usará esse poder interior para lhe trazer paz e harmonia, para atuar de acordo com Sua natureza. Você poderá chamá-Lo de Deus em ação. Quando esse poder é usado de maneira destrutiva, negativa, contrária à sua natureza, os seres humanos o chamam de Satã, Demônio, miséria, sofrimento, dor etc. Convença-se de que existe um poder maravilhoso em você e aprenda como usá-lo.

No ano passado fui procurado por um homem que fora à falência há poucos meses. Ele sofria com úlceras estomacais e pressão alta. Em suas próprias palavras, sentia-se "um lixo". Achava que era vítima do azar, que alguém lhe rogara uma praga, que Deus o estava castigando por pecados do passado, que semeara ventos e agora colhia tempestade etc. Em suma, sua mente estava cheia de falsas crenças.

Expliquei-lhe que enquanto acreditasse nessas coisas ele continuaria sofrendo, porque as crenças se materializam como experiências, condições e acontecimentos. Precisava tomar uma decisão bem objetiva e definida de aceitar que existe um Único Poder e que Ele traz unidade, harmonia, paz e amor. A tendência de uma vida orientada por Ele é criar e restaurar. O homem aceitou minha sugestão, decidiu confiar na Inteligência Infinita e criou para si esta meditação:

Existe um Único Criador, uma Única Presença, um Único Poder. Ele está em mim como minha mente e espírito. Essa presença se movimenta através do meu ser como harmonia, saúde e paz. Penso, falo e ajo com base na Infinita Inteligência. Sei que pensamentos são coisas. O que sinto, atraio para mim, o que imagino ser, eu me torno. Penso continuamente nessas verdades. Tomei a firme decisão de aceitar que a divina ação correta governa minha vida. A divina lei e a divina ordem reinam supremas em minha vida e operam em todos os aspectos da minha existência. A divina orientação me pertence, o divino sucesso é meu. A divina prosperidade me pertence, o divino amor satura minha alma. A divina sabedoria orienta todas as minhas transações. Sempre que pensamentos de medo ou preocupação vêm à minha mente, afirmo imediatamente: "Deus está me guiando" ou "Deus sabe a resposta".

— Criei o hábito de fazer esta meditação e sei que milagres estão acontecendo em minha vida.

Ele fazia essas afirmações em voz alta cinco ou seis vezes por dia. No final de um mês sua saúde estava restaurada e ele foi convidado para ser sócio de um empreendimento de futuro. Toda a sua vida foi transformada depois de ele tomar a decisão de que há um Único Poder e que nada nem ninguém pode se opor a Ele, distorcê-Lo, viciá-Lo ou interferir Nele. A nova ideia, a firme decisão que entrou em sua mente tornou-se seu mestre, seu orientador, e o compeliu a expressar a riqueza e abundância da vida.

Uma mulher veio me procurar. Estava visivelmente nervosa e perturbada. Investira uma soma considerável de dinheiro em um empreendimento de risco e assinara um contrato concordando em pagar uma quantia adicional em determinada data.

O dia combinado estava chegando e a mulher se dera conta de que não conseguiria levantar o dinheiro necessário e perderia todo o investimento. Não sabia mais a quem recorrer e estava sucumbindo ao pânico.

Conversamos durante algum tempo e a mulher foi se acalmando. Sempre tivera uma grande fé em Deus e sentiu que estava se renovando. Tomou a firme decisão de que qualquer pensamento destrutivo, medroso, seria rejeitado. Juntos escrevemos uma prece muito simples:

Sei que Tu sabes a resposta e Tu me mostrarás o caminho. Obrigada por me colocar nele agora.

Mais tarde ela me contou: "Agarrei-me a essa prece como se minha vida dependesse dela. Recitei-a por dias seguidos, reiterei as verdades, tanto em voz alta como falando com meu coração. Cheguei até a inventar uma melodia para cantá-la quando estava sozinha em casa."

Logo a mulher notou que o pânico e desespero estavam diminuindo, apesar de a situação não ter mudado. Contou-me que certo dia percebeu que deixara de se preocupar e estava se sentindo leve e alegre. *Sabia* que sua prece fora atendida.

Naquela tarde, um conhecido lhe telefonou, dizendo que dera seu nome para um amigo que pretendia fazer novos investimentos. Quando foi conversar com essa pessoa, descobriu que ele tinha muito dinheiro guardado e há tempos procurava um modo de fazê-lo render. O que ela estava procurando também estava procurando por ela. Isso acontece com frequência nos casos relacionados com emprego ou oportunidades de negócios.

As ideias são nossos mestres e as nossas decisões determinam o que acontecerá conosco. Entronize em sua mente as ideias divinas e observe as maravilhas surgindo enquanto você ora. Comece a usar agora mesmo o Poder Interior, o Único que habita o nosso coração. Diga "Sim". Tome uma decisão. Diga "Sim" a todas as ideias e verdades que curam, abençoam, inspiram, elevam e dignificam sua alma. Diga um sonoro "Não", definitivo e absoluto, a todos os pensamentos negativos, a qualquer coisa que poderia instilar o medo em sua mente, criar dúvidas e arrastá-lo para baixo. Rejeite essas sugestões como sendo indignas de entrar na casa de Deus.

Tome uma decisão sobre estas duas pequenas palavras: "Sim" e "Não". Diga "Sim" à saúde, felicidade, paz, a uma vida abundante e próspera. Diga "Não" à doença, tristeza, sofrimento e pobreza. Rejeite essas ideias e qualquer sugestão ou pensamento incapaz de encher seu coração de alegria, de lhe dar maior confiança e fé em si próprio. "Não deixe para amanhã o que pode fazer hoje", diz o velho ditado. Sábias palavras! A procrastinação é a ladra que rouba o tempo. Quando ficamos adiando as resoluções ou decisões com desculpas ou frases como: "Mais cedo ou mais tarde, talvez na semana que vem, terei de pensar numa solução para o meu problema", acabamos nos tornando neuróticos, frustrados e infelizes. É como se nós mesmos estivéssemos atando nossas mãos.

Se sua motivação é boa, se parece boa para você, não demore em tomar uma decisão. Lembre-se: *É melhor fazer alguma coisa agora mesmo do que não fazer nada.* "O homem é o que pensa no seu coração", diz a Bíblia. O coração é o subconsciente, a sede das emoções e sentimentos. Portanto, seja qual for o pensamento ou imagem que está em sua mente neste mesmo instante, sua natureza — o Espírito que habita o seu ser — já está se derramando no molde formado por ele. Seus pensamentos e emoções criam o seu destino, o que você pensa e sente são moldes para sua vida e criam o seu destino. Tudo o que você pensa e sente como verdadeiro torna-se realidade. Por isso, tome uma decisão agora mesmo.

Um homem me contou que recebera duas ótimas propostas de emprego e teria de escolher uma delas. O gerente de uma das companhias precisava de uma resposta urgente e iria telefonar à tarde para saber sua decisão.

— Não tenho preferência por nenhuma delas — explicou ele. — Ambas me parecem boas e estou em dúvida.

— Minha sugestão é que quando a pessoa ligar, e desde que a proposta lhe pareça boa e seus motivos para aceitá-la sejam bons, honestos e justos, declare em voz alta que ela é boa, e quando atender, preste atenção no primeiro pensamento que vier à sua cabeça. Seja o que for que você responder, sim ou não, será a ação correta.

O homem aceitou essa primeira proposta e quando voltou a conversar comigo, expliquei:

— Quando sua motivação é correta, quando uma determinada coisa lhe parece certa, não há nada a temer. Existe o princípio, a lei, da ação correta, mas não existe nenhum princípio da ação errada. Portanto, quando você declarou que a proposta era boa, ela tornou-se boa.

Tom Monaghan é um homem que nunca hesitou em tomar decisões. Ele montou uma pequena pizzaria de bairro, e trinta anos depois era dono da empresa Domino's Pizzas, uma cadeia de milhares de pontos de venda com entrega em domicílio. Em 1979, Monaghan decidiu vender a empresa e dedicar-se a obras de filantropia. Todavia, seu plano não funcionou. Depois de dois anos e meio, a companhia que comprara a Domino's Pizzas estava levando-a à falência e então decidiu largar tudo o que fazia e salvar sua antiga empresa.

Foi preciso muito trabalho e persistência para reconstruir e posteriormente expandir a Domino's Pizzas. Monaghan, contudo, tinha uma grande determinação, que adquirira bem cedo em sua vida. Saíra de uma infância de privações, pobreza e abusos físicos para se tornar um grande empresário. Mais uma vez mobilizou todos os seus esforços e não somente conseguiu recuperar o nome e a fama da Domino's, como fundou mais seis mil lojas, espalhadas por diversos países.

Quando a empresa estava em pleno funcionamento, Monaghan encontrou-se diante de um grave desafio. A Domino's tinha como lema a garantia de entrega rápida em domicílio e o tempo de espera não podia ultrapassar trinta minutos.

Essa garantia gerou uma série de ações judiciais feitas por pessoas que afirmavam terem sido vítimas de acidentes por causa da velocidade dos motoqueiros na ânsia de entregar as pizzas no prazo estabelecido. Em Indiana, a Domino's foi condenada a pagar uma indenização de US$ 3 milhões à família de uma mulher que supostamente fora morta por um entregador. O golpe final foi a condenação de pagar US$ 78 milhões como indenização pela morte de outra mulher. Depois disso, a Domino's encerrou a garantia de entrega em trinta minutos, mas sua credibilidade foi afetada.

Apesar dessas catástrofes morais e financeiras, Monaghan não desistiu. Colocou mais dinheiro, tempo e energia na sua empresa e novamente conseguiu salvá-la da falência. Com sua persistência e atitude positiva, inspirou sua equipe com o espírito de vitória que antes fizera a Domino's se transformar na "número um" do seu ramo.

Há alguns anos, tive a oportunidade de conversar com um homem em um hotel. Ele estava com 90 anos e andava de muletas. A certa altura me contou:

— Sabe, quando eu tinha 60 anos, pretendia fazer uma viagem de volta ao mundo. Queria dar um presente para minha mulher, mas fui adiando. Sempre encontrava um motivo para não sair e até achei melhor esperar minha filha crescer e se casar. Hoje minha mulher está morta e eu, desgastado pela artrite. Jamais realizarei meu sonho.

Esse homem ficou adiando a realização do seu sonho e não deu a si mesmo e à sua mulher o prazer de conhecer o mundo. Ele recusou-se a tomar uma decisão e ficava inventando desculpas, chegando ao ponto de querer esperar o casamento de uma filha que ainda nem tinha noivo. Pura tolice. O que é bom para nós tem de acontecer agora. Não espere por nada, não invente desculpas porque tomar uma decisão não tem nada a ver com os outros. Depende de você. Decida-se! Se sua motivação está certa, a decisão é correta. Ela é Deus em ação, agora mesmo.

Ore e proclame que uma Infinita Inteligência o está guiando. Aceite esse princípio. Clame pela ação correta com a certeza de que Deus orienta seus passos. Ele está dentro de você e pode ser chamado a qualquer instante para atender à sua necessidade. Algumas vezes a resposta vem rápida. Em geral, a primeira intuição que emerge na sua mente racional é a resposta certa, que o levará a executar uma ação correta.

É na mente subconsciente que residem todas as ideias. É nela que os cientistas, arqueólogos, paleontólogos, médicos buscam as respostas. As respostas estão nas partes mais profundas da mente. E há um preço para isso.

Do engenheiro são cobrados paciência e conhecimento de engenharia. O químico é cobrado, o médico é cobrado. Se ele tem uma cirurgia de seis horas, são exigidas criatividade, habilidade, conhecimento, fé, confiança. Você é cobrado até no amor, não é mesmo? Você tem a opção de decidir, e quando toma uma decisão, é cobrado por isso. Então precisa lidar com frustração, medo, confusão e angústia.

Quando você quiser tomar uma decisão, peça a orientação da Infinita Inteligência, dizendo:

> A Infinita Inteligência está me guiando. A ação correta faz parte da minha vida. Moro, caminho e vivo à sombra de uma presença onipotente que abre todas as portas. Sigo a orientação que vem a mim com nitidez. Agora eu a devolvo à minha mente mais profunda, que vai me compelir a atuar corretamente em meu benefício.

O primeiro pensamento que lhe ocorre, a primeira ideia, a primeira intuição é sua resposta e vem das profundezas do seu ser. Não a rejeite, não discuta com ela, não fale sobre ela com parentes ou amigos. Isso é importante porque, caso contrário, você acabará com uma dúzia de pensamentos externos misturados em sua mente. Procure pelo toque interior, pela sabedoria silenciosa da alma.

Ocasionalmente, na hora de dormir, faça a seguinte prece:

A Infinita Inteligência me revela uma resposta, mostra qual é a decisão certa que devo tomar. O primeiro pensamento que vier à minha mente quando eu acordar será a resposta correta.

No dia seguinte, preste atenção no primeiro pensamento que vier à sua mente. Se não conseguir captá-lo no mesmo instante, não se preocupe, não fique andando de um lado para o outro tentando se lembrar. A resposta voltará porque você está clamando pela divina lei e pela divina ordem em sua vida e elas significam que a lei da harmonia, beleza, amor, paz e abundância estão operando no seu subconsciente, suplantando as leis humanas, credos, dogmas e tradições. Elas também significam que você está se expressando no seu mais alto nível, que está revelando maravilhosamente os seus talentos, dentro da honestidade e integridade. Isso, por sua vez, significa que você está recebendo uma fantástica e extraordinária compensação. Assim, se você não tem todo o dinheiro que precisa para fazer o que deseja, ele deve estar disponível em algum lugar, deve estar em circulação porque a divina lei e a divina ordem estão em sua vida e, com elas, você é rico. Entretanto, se você não consegue comprar um carro novo quando está realmente precisando, a divina lei e a divina ordem não estão atuando em sua vida, o que significa que há algo de terrivelmente errado no seu modo de pensar.

Temos de acreditar na ação correta. Existe um princípio da ação correta, mas não existe um princípio da ação errada. Portanto, ao ouvir alguém dizendo: "Oh, vivo fazendo besteira, faço tudo errado!", não lhe dê ouvidos e afirme que você vive à sombra do Altíssimo, que Deus é seu refúgio e fortaleza. O Salmo 91 é uma prece encantadora para pedir orientação e ação correta. Sua mente entra no lugar escondido, no abrigo de Deus quando você conversa com Ele. "Eu, que estou sob a proteção do Altíssimo e moro à sombra do Onipotente, digo ao Senhor: 'Meu refúgio, minha fortaleza, meu Deus, em quem confio... Ele me cobre com Suas penas, sob Suas asas encontrarei refúgio.'"

Por que, então, preocupar-se ou temer fazer a coisa certa? Não, você está atuando regido por um princípio orientador. Todos nós já ouvimos que somos protegidos pelos anjos da guarda. Os anjos são a inteligência, a sabedoria e as ideias criativas que emergem do seu coração. Portanto, você é guiado para ocupar seu melhor lugar, para fazer o que é certo, permitindo que seu bem resulte por intermédio das suas ações. Ponha Deus em primeiro lugar na sua vida. Deus é a Suprema Inteligência que fez seu pequenino coração começar a bater ainda no ventre da sua mãe. Ele governa todos os seus órgãos, todas as suas funções vitais. Ele cuida de você e Sua tendência é curar e restaurar.

Escolha hoje mesmo a quem você quer servir. Escolha a harmonia, a ação certa, a beleza, abundância e segurança. Escolha tudo o que é bom, porque seu Eu Superior é Deus e o Infinito Poder está pronto para se movimentar a seu favor. Mas você precisa se voltar para Ele. Decida procurá-Lo com sua mente e não com suas emoções.

Lembro-me do caso de um homem que ficou furioso com seu chefe. Por ser uma pessoa cheia de amargura e hostilidade, foi procurá-lo e, como me contou, lhe "falou umas verdades", tendo sido extremamente grosseiro. Saiu da empresa e algum tempo depois foi contratado por outra companhia. "Tenho mais problemas no novo emprego do que no antigo", reclamou. Esse homem tomou uma decisão baseada em sua raiva, rancor e hostilidade, ou seja, com base nas suas emoções. As decisões devem ser tomadas em um clima de sabedoria e compreensão. Precisamos raciocinar, avaliar a situação, pesar os prós e os contras, para mais tarde não nos arrependermos, como aconteceu com meu conhecido. Sempre tome uma decisão fundamentada nos fatos, e pergunte-se: "Ela me parece lógica, razoável?"

Junte todos os fatos, reúna a maior quantidade de dados possível. Tente resolver a situação de maneira objetiva, não force sua mente para lhe dar respostas, não fique rangendo os dentes e fechando as mãos em punho. Nunca diga: "Preciso da resposta na semana que vem" ou "O juiz tem de dar a sentença até 15 de abril".

Faça o possível para ser objetivo, aguarde a resposta tranquilamente, com fé e confiança. Se não receber uma indicação explícita, pense no que está sentindo, perceba se há uma sensação boa quando você pensa na situação. Se for esse o caso, vá em frente. Lembre-se de que se há uma boa motivação, se você está rezando por orientação e ação correta, não deve hesitar. Diga apenas: "Deus está em ação" e declare que tudo é bom.

Por que vacilar e esperar? Por que ficar neurótico? Por que se frustrar? Tome uma decisão sem perda de tempo. Assim, se você esteve rezando por orientação, quando alguém lhe telefonar pedindo uma resposta imediata, a primeira coisa que você disser será a atitude certa.

AUMENTE O PODER DO SEU SUBCONSCIENTE
PARA TRAZER RIQUEZA E SUCESSO

Se sua decisão envolve se aproveitar de alguém, fraudar, roubar, trapacear, enganar, ela obviamente não lhe trará vantagem, porque magoar os outros é magoar a si próprio. Um homem com quem eu conversava disse:

— O senhor acha que tomei a decisão certa?

— Tem certeza de que ela está baseada na Regra de Ouro e na lei do amor?

O sangue subiu à face do homem e ele desviou o olhar.

— Bem — falei. — Você respondeu sua própria pergunta.

Então, quando tomar uma decisão, pergunte-se se ela está baseada na Regra de Ouro — "Não faça aos outros o que não quer que lhe façam" — e na lei do amor. Quando amamos nosso próximo, temos prazer em ver os outros progredindo, sendo bem-sucedidos, conseguindo o que mais desejam.

É comum eu fazer palestras para mulheres de 40 ou 50 anos, cujas mães tomaram todas as decisões por elas. Quem permite que isso aconteça, está deixando outras pessoas roubarem sua iniciativa, experiência e sua própria divindade, porque se recusa a recorrer à Presença de Deus que está no interior de seu ser. Nós somos deuses, somos todos filhos do Altíssimo. Estamos aqui para escolher, para tomar decisões que moldarão e construirão nosso destino. Aprenda a tomar decisões. Comece agora mesmo. Depois dos 7 ou 8 anos, você já deveria ter tomado algumas decisões menores, naturalmente sob a supervisão dos seus pais. Mas, ao completar 18 anos, não há mais desculpas para não decidir por si próprio, enrolar as mangas e arranjar uma ocupação. Sim, aprenda a tomar decisões e usar sua iniciativa.

Um homem me disse:

— Quando estou um pouco confuso e em dúvida, mas sei que fiz uma prece sincera, às vezes escolho o que vou fazer na cara ou coroa. Afinal, aprendi com o senhor que qualquer tipo de ação é melhor do que não fazer nada, então eu tomo a decisão na sorte.

Se você está viajando na estrada para São Francisco e pegou o caminho errado depois de um entroncamento, e uma pessoa o faz parar e diz: "Vire à direita; aquela é a estrada certa", você errou. E daí? Cometeu um erro, todos os seres humanos erram. O reconhecimento do erro o faz procurar o caminho certo. Quando você estava na escola primária não cometia centenas de erros? Era por isso que seu lápis tinha uma borracha na outra ponta, não é? Todos, inclusive seus pais e professores, sabiam que você ia errar, de uma forma ou de outra. Mas agora você é adulto e não precisa mais ser dirigido por outras pessoas. Descubra uma nova alegria em sua vida acostumando-se a tomar suas próprias decisões.

Não são as coisas que mandam em nossa vida, circunstâncias não criam circunstâncias, condições não são criativas. Não existem poderes fora de você. Não dê poder às coisas criadas, nem ao mundo material. Dê poder unicamente ao Criador, à Suprema Inteligência que habita seu interior. Evite a indecisão, peça à Infinita Inteligência para ajudá-lo a escolher o caminho certo.

Muitas pessoas religiosas me perguntam se é certo pedir riqueza a Deus. Que absurdo! "É certo rezar por sucesso? Talvez Deus não queira que eu seja bem-sucedido." Uma afirmação como essa é burrice, é estúpida demais para ser descrita em palavras. "Será que Deus quer que eu cante?" Ora, se Ele lhe deu voz, certamente quer vê-lo cantando. A capacidade de cantar está em todos nós, por isso, não espere Deus cantar. Ele cantará por meio de você. Se seu desejo é pintar, vá em frente e pinte. Se você gosta de animais e tem o sonho de ser veterinário, se pensa em ser farmacêutico, músico ou químico, vá em frente e siga a intuição que está recebendo de Deus.

Já ouvi também perguntas como: "É correto eu pedir um carro a Deus?" Ora, o que é um carro? Nada mais do que uma ideia na mente de Deus. Um carro é o Espírito de Deus materializado, é Deus diante de sua casa, assumindo a forma de um automóvel. Tudo é Deus. A grama do jardim é Deus, a roupa que uso é Deus. Deus e bens materiais são sinônimos. Os bens materiais são o Espírito de Deus manifestado. A maçã presa à sua árvore é o Espírito manifestado. Tudo o que tocamos é o Espírito materializado. Existe somente Espírito, e tudo é feito dentro Dele e sai Dele.

Perguntas expressando dúvidas sobre o que Deus acharia certo ou errado são absurdas, porque se fundamentam em superstição, ignorância e medo. Elas roubam da mente sua força e capacidade de decidir. Quem ora a Deus pedindo orientação, fazendo uma forma mais elevada de prece, derrotará qualquer conceito teológico porque o seu Eu Superior irá lhe ensinando um novo modo de agir. O Espírito da Verdade o levará para a Verdade. Diga: "Deus agora está me guiando. A ação correta reina suprema. O Espírito da Verdade me leva à verdade." Essa é uma maravilhosa decisão. Portanto, seja exato, positivo. Estabeleça metas, anuncie propósitos. Sua prece será respondida de acordo com o nível de sua crença; é como no mundo empresarial: o lucro final depende do investimento e esforços iniciais. Se você está orando por prosperidade, sucesso, realização e vitória, assim que chegar a uma decisão, diga:

Agora a prosperidade é minha. Serei rico. Terei toda a fortuna necessária para atender a meus desejos.

Seu subconsciente reagirá a esse pedido e a resposta se infiltrará até o seu atual estado de espírito. Elevando seu olhar, você alcançará sua visão.

Em muitas partes do mundo, os comerciantes colocam os preços dos produtos muito altos. O turista é obrigado a barganhar, e então o vendedor baixa muitas vezes o preço, e continua a lucrar.

Se está pedindo prosperidade, sucesso, realização, mas sente inveja dos outros, dos seus cargos e promoções, dos seus bens materiais e grandes quantias de dinheiro, essa negação, ciúmes, ressentimento e rancor inibirão seu crescimento espiritual e bloquearão a chegada do que é bom para você, interferindo na sua prosperidade.

O imperador alemão Frederico, o Grande coletava grandes quantias de dinheiro em impostos por intermédio dos seus agentes. Em um dia de grande calor, reuniu-se com os ministros do seu gabinete em torno de uma mesa e questionou: "O que acontece com todo o dinheiro que coletamos?"

Havia uma tigela com gelo sobre a mesa. Um homem pegou um pequeno pedaço do gelo e pediu que os presentes o passassem de mão em mão. Quando chegou às mãos do imperador, só restava uma bolinha.

— Esta, senhor, é a resposta — disse o ministro.

A moral dessa história é que se você carece de autoestima, se tem inveja ou ciúmes dos outros, está segurando o gelo, permitindo que ele derreta, ou seja, está impedindo que o fluxo do infinito oceano de riquezas chegue intacto até você. Portanto, deseje aos outros o que deseja para si próprio. *Amor* é boa vontade, é a dádiva final do cumprimento da lei da mente.

Negativas mentais — remorso, arrependimento, ódio, implicância, mágoa, o hábito de ver somente o exterior, dar poder a pessoas ou circunstâncias — são obstáculos que prejudicam o fluxo da riqueza. Faça aliança com o Infinito, dê-lhe toda a sua devoção. Ponha sua esperança Naquele que nos deu vida e tudo o que nos cerca. Vá direto a Ele! Tome a decisão de procurar a Fonte e depois afirme:

> Do fundo do meu coração desejo que todas as pessoas deste mundo recebam as riquezas do Infinito, saúde, felicidade, paz e todas as bênçãos da vida.

Depois fique observando a vitalidade e riquezas do Infinito fluírem para você.

Muitas são as pessoas prejudicadas pelos pensamentos negativos e elas nunca conseguirão uma cura para seus males físicos ou espirituais, nem conseguirão prosperar porque o verdadeiro sucesso vem do desenvolvimento espiritual. Por isso, pare de acalentar mágoas ou críticas, porque essa atitude prejudicará a qualidade do bem que você recebe. Exalte a grandeza de Deus que está no meio de todos nós.

Sempre que tomar uma decisão, lembre-se que o Todo-Poderoso está dando força a ela, seja boa ou ruim, grande ou pequena. Evite decisões ilógicas, porque estará usando o poder do Infinito contra você mesmo. Aprenda a pura verdade: você é o templo do

Deus vivo e o reino de Deus está no seu interior. Escolha com base na Infinita Inteligência que rege seus órgãos vitais, sua respiração, sua voz, que lhe dá a possibilidade de curar-se e restaurar-se. O Infinito não castiga, a Vida não castiga, o Absoluto não castiga, a lei de Deus não castiga. Somos nós que nos castigamos por meio de pensamentos negativos e destrutivos. Um bom juiz não pune, ele simplesmente aplica a lei.

Se você fosse Deus, como tomaria uma decisão? Com certeza, seria uma decisão fundamentada na ação correta, harmonia, paz, amor e boa vontade, não é? Começaria a pensar, falar e agir a partir do Centro Infinito, do Poder Infinito. Não escolheria com base em ensinamentos de um velho teólogo ou de uma avó. Você diria: "Vou tomar uma decisão fundamentada no Princípio Orientador, que é a absoluta harmonia e absoluta paz." Pare de negar sua divindade.

Confie sempre na Infinita Inteligência. Se você quer se casar, por exemplo, não vá perguntar à sua mãe ou avó se concorda com sua ideia porque, de novo, isso é negar sua divindade. Seria como dizer: "Não tenho capacidade de escolher", o que é uma grande mentira. Você pode sim escolher, é sua prerrogativa. Em vez disso, afirme:

> A Infinita Inteligência atrai para mim a pessoa certa, que combina comigo em todos os aspectos. As correntes mais profundas de minha mente a trazem para junto de mim.

Alguém me disse: "Se Deus quisesse que eu ficasse bom, Ele me curaria." Uma enorme blasfêmia, porque a tendência da vida é curar e restaurar. Quando nos queimamos, por exemplo, a vida reúne todas as defesas do nosso organismo para nos proteger e, posteriormente, cria uma nova pele. Quando nos cortamos, Ela forma um coágulo sobre o ferimento para estancar a perda de sangue e evitar a invasão de bactérias prejudiciais.

Emerson disse que existe uma Única Mente e ela é comum a todos os indivíduos. Portanto, somos parte de Deus, um órgão de Deus, e Ele precisa que fiquemos ocupando nosso lugar. Se não fosse assim, nem estaríamos aqui. Sua presença neste mundo significa que você está aqui para reproduzir tudo o que é a verdade do Infinito, que pode tomar decisões normais, racionais, lógicas e razoáveis. A tendência da vida, a vontade de Deus, é ver Seus filhos usufruindo amorosamente beleza, saúde, abundância de tudo o que foi criado, por isso, é prova de profunda ignorância dizer, como tenho ouvido tantas vezes: "Se Deus quisesse que eu me curasse ou tivesse isso ou aquilo, Ele providenciaria." Repito que essa afirmação é uma blasfêmia, porque é mentir sobre o Ser Infinito.

Já vi muitos casais vivendo anos e anos juntos num clima de ódio e ressentimento, alegando que continuam casados porque estão pensando nos filhos. Ora, as crianças crescem com a imagem e semelhança da atmosfera mental e emocional do lar. Um ambiente de ódio, ressentimento, hostilidade e cólera gera jovens traumatizados, que são facilmente levados para o caminho do mal, da delinquência. Não se deixe aprisionar dentro desse modo terrível de viver. Conscientize-se de que é muito mais honesto, honroso e divino acabar com uma mentira do que viver com ela, que com o passar do tempo vai contaminando as mentes de todos os que o cercam. Em certos meios conservadores, um casal que se divorcia é visto com desconfiança, mas quem resolve se libertar de uma mentira merece muito mais respeito do que uma pessoa que se conforma em viver na hipocrisia por vinte ou trinta anos.

Existem pessoas que temem tomar decisões devido a motivos religiosos, políticos ou financeiros. Pode parecer incrível, mas muitas delas prefeririam ter câncer, tuberculose ou artrite do que enfrentar sua comunidade, os outros, como costumam dizer, que às vezes não são mais do que dez ou 15 indivíduos, que poderiam fazer comentários desabonadores. Há também as que decidem diariamente mudar de vida, mas nunca tomam uma atitude. Conscientize-se de que o poder da vida está dentro de você e que é absolutamente ilógico viver uma mentira.

É preciso dois para fazer um casamento ou uma sociedade prosperar. Se um sócio vive bêbado, insultando os clientes e errando na contabilidade, a empresa fica dividida e o negócio irá à falência. O certo é dissolver a sociedade, abençoarem-se mutuamente e procurarem uma outra ocupação, decidindo levar uma vida plena e feliz. A ação correta é sempre praticarem a Regra de Ouro e a lei do amor.

Faça o que você acredita que deve fazer para ser feliz, porque seu Princípio Orientador o levará a tomar as atitudes corretas para ter seus sonhos realizados. Você está neste mundo para glorificar Deus e usufruir eternamente de Suas benesses, para ter vida e vida em abundância. Por que ser pobre em tantos aspectos da existência quando você nasceu para ser rico? Se você nunca rogou a Deus pelo que é bom, comece agora mesmo a pedir satisfação e alegria, porque Nele não há trevas, só a glória. Como eu disse anteriormente, a indecisão não existe. Uma pessoa que não decide está deixando a mente das massas, a mente dos outros seres humanos, tomar decisões por ela, trazendo a negatividade para a sua vida. A mente das massas acredita em tragédias, caos e infortúnios de todos os tipos, nela prevalecem ideias negativas. Ninguém, em sã consciência, gostaria de sentir essas noções lamentáveis influenciando seu pensamento 24 horas por dia. Se diariamente você não tomar a decisão de carregar suas baterias mentais e espirituais com as verdades divinas, quem pensará em seu lugar? Quem governará seus sentimentos? Quem determinará seu estado de espírito? Quem escolherá suas emoções?

O poder e a sabedoria do Infinito estão dentro do seu ser e você veio a este mundo para usá-las em seu benefício. Aproxime-se da fonte viva e beba da água que jamais acaba, entre na terra do leite e do mel, que não podem ser comprados com dinheiro, só com crença e reconhecimento. Aceite que existe um Poder Maior, mesmo como apenas uma hipótese. As hipóteses, como disse Churchill, endurecem para se tornar fatos.

Imagine que você esteve pescando nos riachos de uma montanha e agora não encontra o caminho de volta. Um idoso vem se aproximando e você pergunta: "Como faço para voltar para a estrada?" Ele lhe dá uma série de indicações. Você as segue e acha facilmente o caminho. Você partiu da hipótese de que o idoso estava certo e essa ideia transformou-se num fato. Admita, então, que existe uma Infinita Inteligência dentro de você, que lhe deu vida, pele, cabelos e unhas e até digere a sua comida e que continua protegendo-o mesmo durante um sono profundo. Ela lhe dá resposta para tudo. Peça-Lhe para despertá-lo a uma determinada hora e você acordará. Se está querendo um conselho sobre um investimento, diga: "A Infinita Inteligência me revela uma resposta sobre esse negócio." Você provavelmente acordará com uma sensação persistente de que não deve mais pensar no assunto. É a voz do divino respondendo. Portanto, vá ocupar sua mente com outras coisas.

Já tive oportunidade de conversar com centenas de mulheres e muitas vezes ouvi: "Enquanto eu entrava na igreja para me casar com aquele homem, tinha a forte sensação de que estava fazendo a coisa errada." O Princípio Vital tentava protegê-las por meio de uma intuição, de um sentimento predominante. E elas o ignoraram, o rejeitaram e, naturalmente, o casamento não deu certo, trouxe muito sofrimento e, em alguns casos, terminou em divórcio. Siga sempre essas intuições, fique longe daquilo que não lhe dá uma boa impressão.

Um membro da minha congregação começou a orar sobre um investimento que pretendia fazer no estado de Nevada, dizendo:

A Infinita Inteligência está me guiando. Ela revela para mim e minha esposa o que é certo a respeito desse investimento.

Ele já havia decidido que existe um Princípio Orientador e não lhe restava nenhuma dúvida sobre isso. Uma noite teve um sonho em que viu os chefes da companhia na qual planejara investir seu dinheiro presos numa penitenciária, com vários guardas à sua volta e um policial armado parado perto deles. Ao acordar, teve a certeza de que estivera tratando com trapaceiros e que perderia todo o dinheiro que iria investir.

Quando você tomar a firme decisão de que existe um Princípio Orientador no fundo do seu ser, maravilhas começarão a acontecer. Se você precisa fazer uma escolha difícil ou não encontra solução para um problema, comece imediatamente a pensar de maneira construtiva. Medo ou preocupação é sinal de que você não está realmente pensando, porque o verdadeiro pensamento não traz medo. Acalme sua mente e seu corpo. Mande seu corpo relaxar e ele obedecerá, porque não possui vontade, iniciativa ou consciência de si próprio. O corpo nada mais é do que um disquete emocional que registra suas crenças e impressões. Mobilize sua atenção, focalize o pensamento na solução do problema. Tente resolver o problema com sua mente racional, como faria um detetive. Pense como se sentiria feliz se encontrasse a solução perfeita. Reúna todas as informações possíveis sobre o assunto e deixe sua mente brincar com imagens positivas, enquanto o corpo se mantém relaxado. Se for sua hora de dormir, fique contemplando o resultado desejado até pegar no sono. Ao acordar, se você não tiver uma resposta, não pense mais no assunto e vá se ocupar com outra coisa. O mais provável é que quando você estiver distraído a resposta surgirá na sua mente consciente como uma bolha que sobe à superfície da água.

Quando se trata de receber orientação do seu subconsciente, o melhor é agir com simplicidade. Um homem perdeu um anel valioso, herança de família, e não sabia mais onde procurá-lo. À noite procurou relaxar e conversou com seu subconsciente em termos simples, como se estivesse falando com um bom amigo. Decidindo que nada está perdido no Infinito, disse ao seu Eu Superior: "Você sabe tudo, Você é onipresente e sabe onde está o anel. Agora vai me revelar seu paradeiro." Esta é uma prece eficaz, embora não seja feita com palavras grandiosas e pouco conhecidas.

Na manhã seguinte, o homem acordou de repente, ouvindo nitidamente em seu ouvido: "Pergunte a Robert." Robert era o filho. Foi até o quarto do garoto e perguntou se ele sabia onde estava o anel. "Sim, eu o encontrei no quintal enquanto brincava com meus amigos e o trouxe para cima junto com minhas coisas. Está ali, em cima da escrivaninha. Nem me lembrei de avisar vocês." Só Ele sabe todas as respostas e, se você perguntar, Ele responderá. Ficará com você nas atribuições e o colocará no refúgio do Altíssimo, porque você conhece seu nome. A tranquilidade e confiança serão sua força. Está escrito: "Deus cuida de nós." Deus conhece todas as respostas.

Resumo do capítulo

- A principal faculdade mental de uma pessoa é o poder de decidir e escolher. A capacidade dos seres humanos de escolher e iniciar o que foi escolhido nos revela que Deus nos concedeu o poder de criar.
- Quando usamos o termo "lógico", estamos querendo dizer que nosso julgamento é razoável, sólido, válido e se fundamenta no princípio racional do Universo, no modo de as coisas serem, no que é coerente com o funcionamento de nosso mundo. É lógico pensarmos no *bem* porque só o bem pode vir. É ilógico pensar no mal e esperar o bem, porque os pensamentos, como as sementes, só geram frutos da sua própria espécie.
- Temos o direito divino e cósmico de escolher e tomar decisões. Podemos tomar a decisão de sermos saudáveis, felizes, prósperos e bem-sucedidos porque temos domínio sobre nosso

mundo. A mente subconsciente está sujeita aos decretos da mente racional, consciente, e tudo o que for decretado se tornará realidade.

- Quem se recusa a tomar decisões em proveito próprio está rejeitando sua divindade, pensando com base na fraqueza e inferioridade, como se fosse um servo. Reconheça sua divindade. Você está aqui para escolher e deve optar pelas coisas verdadeiras, tudo o que é belo, justo, puro, honesto, bom e produtivo. Escolha esses pensamentos e entronize-os em sua mente. Mantenha-se firme na sua decisão.
- Quando estiver orando por uma orientação para tomar uma decisão, diga:

    A Infinita Inteligência me orienta. Existe a ação correta
    em minha vida. Vivo dentro de uma Presença Protetora e
    Nela me movimento. Ela abre todas as portas para mim.

- Se você reza pedindo prosperidade, sucesso e realização pessoal, mas está sentindo inveja dos outros, das suas promoções, bens materiais ou dinheiro disponível, essa negatividade, rancor, inveja ou ciúmes inibem seu desenvolvimento espiritual, bloqueiam a chegada do que é bom e interfere com sua própria prosperidade.
- Há pessoas que hesitam em tomar decisões porque têm medo, receiam ir contra suas crenças religiosas, ideais políticos ou financeiros. Algumas até prefeririam ter câncer, tuberculose ou artrite. Certos indivíduos decidem diariamente tomar alguma providência para resolver seus problemas, mas nunca

fazem nada. O poder da vida, o único que existe, está dentro de você e lhe permite tomar a decisão correta agora mesmo. É ilógico viver dentro de uma mentira.

- Suas decisões devem levá-lo a ter uma vida plena e feliz. Deus lhe deu tudo o que é bom e quer vê-lo usufruindo dessas benesses. Deus o fez rico. Deus nos criou para termos vida e vida em abundância.

CAPÍTULO 5
As maravilhas da imaginação disciplinada

A imaginação é a origem de todas as ações. Isso é um fato incontestável, mas estou me referindo à imaginação disciplinada, dirigida e controlada. Criar imagens é conceber uma ideia e imprimi-la na mente subconsciente. O que é gravado no subconsciente se expressa na tela do espaço como forma, função, experiência e acontecimentos. Quem deseja ser bem-sucedido precisa, acima de tudo, imaginar-se como uma pessoa de sucesso. Quem deseja ser rico, deve em primeiro lugar se imaginar agindo como uma pessoa rica.

A imaginação controlada é uma das faculdades primordiais do ser humano porque é por intermédio dela que damos uma forma física às ideias, conferindo-lhes a visibilidade, para conseguirmos projetá-las na tela do espaço. Artistas, místicos, arquitetos, cientistas, inventores têm na imaginação um instrumento de excepcional importância.

Quando o mundo afirma que algo é impossível, que de maneira nenhuma pode ser, a pessoa com imaginação desenvolvida logo afirma: "Já está feito", porque a imaginação é capaz de mergulhar nas profundezas da realidade e utilizar as leis da natureza, mesmo as que ainda não nos foram reveladas, para concretizar um desejo.

Um renomado industrial me contou como foi o início das suas atividades empresariais, que começou com a abertura de uma pequena loja de rua: "Eu sempre sonhei em ter uma grande companhia, com filiais em todos os estados do país."

Ele acrescentou que de maneira sistemática e regular criava quadros mentais nos quais via gigantescos prédios, fábricas, escritórios e lojas, sabendo que pela alquimia da mente faria o tecido que "vestiria" seus sonhos. Como seria de esperar, ele prosperou e começou a chamar para si, por meio da lei universal da atração de ideias, o dinheiro, técnicos, funcionários e demais meios necessários para a realização do seu ideal. Esse modo de agir foi semelhante ao processo de germinação de uma semente, que desaparece para entregar sua energia para uma outra forma de si própria, extraindo do solo, por intermédio da sua sabedoria subjetiva, tudo o que precisa para o seu desenvolvimento. Quando consegue romper o solo, seu crescimento se acelera, porque passa então a conta com o processo da fotossíntese que capta a radiação do Sol e elementos da atmosfera, e vem se somar com sua pequena energia inicial.

Portanto, esse industrial de fato cultivou sua imaginação e estimulou seus modelos mentais até dar-lhe forma física. Gostei particularmente de um comentário que ele fez: "Quando imaginamos, podemos nos ver bem-sucedidos ou fracassados com a mesma facilidade, mas é sempre mais produtivo pensarmos no melhor."

Pessoas que estimulam ideais e criam visões e imagens em sua mente têm consciência de que existe um Poder Criativo que reage a esses quadros mentais. As imagens mentais precisam das emoções para se desenvolver e costuma-se dizer que nossos sentidos são modificações de uma única sensação fundamental. O autor Thomas Troward, psicólogo do século XIX que escreveu obras inimitáveis sobre as leis da mente, dizia: "O sentimento é a lei; a lei é o sentimento. O sentimento é a pedra angular do poder." Para conseguirmos resultados, precisamos carregar nossos quadros mentais com emoções.

Talvez você esteja acalentando um ideal, um sonho, um plano enquanto lê este livro, mas vem ouvindo de parentes, amigos e colegas que você está delirando, que seu plano jamais dará certo. Tendo ouvido tantas afirmações negativas é possível que esteja dizendo a si próprio: "É mesmo muita pretensão. Quem você pensa que é? Isso é impossível, você não tem conhecimento suficiente nem contatos nos lugares certos para pôr esse plano em prática."

Mas você tem, sim. O seu contato é a Presença Divina em seu interior, e foi ela que lhe deu a ideia. Essa mesma Presença Divina pode fazer a ideia frutificar por meio da divina ordem e do divino amor. Não dê ouvidos a pensamentos seus, ou de outras pessoas, que caçoam dos seus planos e de suas ambições. A oposição é inevitável e o modo de lidar com ela é desligar sua atenção das evidências dos sentidos e aparência das coisas para começar a pensar com atenção em sua meta ou objetivo, dedicando-lhe todo o seu interesse. Quando a mente está envolvida em uma meta, entram em cena as leis da criatividade e o objetivo é transformado em realidade.

Eleve o seu ideal ou desejo em sua consciência. Assuma o compromisso de dedicar-se a ele, exalte-o dando-lhe sua atenção, amor e devoção, louve-o sempre que puder. À medida que isso for acontecendo, os pensamentos de medo se ajoelharão diante de sua mente exaltada e perderão seu poder, desaparecendo de sua cabeça. Por intermédio da sua faculdade de imaginar o resultado final você é capaz de controlar qualquer circunstância ou condição. Se pretende concretizar qualquer ideia, desejo ou plano, forme um quadro mental em que a ideia já se tornou realidade e imagine frequentemente o resultado final. Assim você compelirá seu subconsciente a materializar o resultado desejado.

O que você imagina como estando concretizado já existe nas outras dimensões da mente, e se você se mantiver fiel ao seu ideal, mais cedo ou mais tarde o objetivo será alcançado. O mestre arquiteto que habita seu interior projetará na tela da visibilidade o que foi impresso em sua mente.

Certa vez um ator me contou que no início da sua carreira ele só conseguia papéis menores em espetáculos medíocres. Quando aprendeu sobre os poderes do subconsciente, criou um filme mental no qual se via atuando como protagonista em peças famosas. Diariamente repassava as cenas por, no mínimo, quinze minutos, enquanto exaltava o poder do Espírito em seu interior. O ator criou um modelo em seu subconsciente e, como a natureza do subconsciente é compulsiva, acabou atingindo os mais altos patamares da sua profissão. Como "imaginador" criou o sucesso em sua mente com a convicção de que o Todo-Poderoso apoiaria seu sonho. A imaginação sempre vai à frente, precedendo a experiência e a manifestação.

Uma jovem e famosa atriz me contou que diariamente visualiza um filme mental no qual ela tem o papel principal e vê-se recebendo elogios pela sua atuação. Sua persistência em praticar essa meditação de maneira constante e sistemática tem gerado ótimos resultados e ela é constantemente chamada para participar de novos filmes. Apesar disso, continua seus estudos e pesquisas sobre arte dramática, construindo alicerces sob seus sonhos. Não é errado construir castelos no ar, mas eles precisam de fundações.

Robbie Wright, membro da minha equipe de radiodifusão, certa vez ganhou um prêmio numa corrida de dragsters e contou-me que, em suas próprias palavras, se "psicologou" antes da prova. Imaginou seu irmão correndo para cumprimentá-lo pelo primeiro lugar e, em seguida, viu-se carregando a taça, ovacionado pelos espectadores. Durante a corrida, segundo afirmou, sentiu-se envolvido pelo Poder Supremo e não cometeu nenhum erro. Essa força supranormal reagiu à imagem de vitória que Robbie criara em sua mente.

A imaginação funciona tanto para o bem como para o mal. A pessoa que vive fracassando abriga em sua mente um quadro de fracasso. Quem sofre de uma doença crônica e vive se queixando, com um ar abatido, criou uma imagem de debilidade física em sua mente. Ficar imaginando situações de doença ou fracasso imprime esses pensamentos negativos no subconsciente e ele dará uma resposta de acordo.

Tenha sempre em mente uma imagem de sucesso. Você nasceu para ganhar, para ser bem-sucedido. Como já vimos anteriormente, o esforço, a coação mental ou a força de vontade não nos levam a nada. As vítimas do etilismo sabem que se tentarem usar força de vontade para se afastar das bebidas passarão a beber ainda mais. Entretanto, se elas se decidirem a contemplar a paz de espírito e a sobriedade, imaginando-se livres do vício e levando uma vida normal, fazendo o que gostam, e principalmente confiando na existência de um poder maior que dá respaldo a esse quadro mental, elas se libertarão dessa doença.

O poeta estadunidense Walt Whitman, que tinha uma imaginação extraordinária, escreveu:

Quando a névoa cobria os vales, ele erguia o olhar para os cumes das montanhas. Quando as montanhas eram engolidas pelas trevas, ele levantava os olhos para as estrelas.

A imaginação pode nos levar a grandes alturas ou nos jogar no fundo do poço. Vá além da névoa e escuridão da dúvida, medo e ansiedade e procure uma visão de realidade espiritual.

Uma visão é o quadro que você está vendo, analisando e no qual focaliza sua atenção. É para onde sua vida está se dirigindo. Assim, se você olhar para o alto de uma montanha e disser: "Vou chegar lá", pode ter certeza que isso acontecerá. Entretanto, se resmungar: "Estou muito velho para essas aventuras. Vou ficar cansado e com os pés cheios de bolhas", jamais subirá a montanha. Mas, recorrendo às leis da mente, você alcançará o cume mais elevado se for ali que sua mente está.

Conscientize-se de que a Presença Invisível e as forças benevolentes que estão dentro de você o conduzirão para a realização do seu sonho e o ajudarão a dar-lhe forma física. Durante sua jornada pela vida, por mais difícil que ela possa ser, lembre-se de que existe um lugar sagrado dentro de você — o santuário de Deus — onde lhe será possível desfrutar da companhia do Absoluto, do Único Eterno. É a partir desse lugar e por intermédio da sua imaginação que você poderá exteriorizar todas as flores do amor e beleza que estão em seu coração.

A imaginação é a oficina de Deus e é numa oficina que fica a matéria-prima que será transformada, manufaturada e processada para dar origem a ferramentas e objetos úteis. Nossa imaginação é a oficina em que ideias, opiniões e conceitos são transformados e processados para gerar condições, circunstâncias e acontecimentos da vida cotidiana.

Quando paramos para pensar, tudo o que vemos e consideramos como útil e prático na nossa vida cotidiana teve origem nas faculdades imaginativas de seres humanos. As roupas que usamos, carros que dirigimos, sofás nos quais sentamos, prédios, hotéis, estradas, aviões, o nosso próprio lar e uma infinidade de coisas foram primeiro concebidas como ideias, como imagens mentais.

A imaginação retrata o ideal e são os ideais que fazem a humanidade avançar na jornada da vida até atingir a perfeição de Deus. Todas as grandes obras de arte são produtos da imaginação inspirada. Uma vez alguém apontou para um bloco de mármore e descreveu características como cor, textura etc. Um escultor que o acompanhava disse que ali ele via a forma de um cavalo e bastaria desbastar o mármore em volta para trazer o cavalo à realidade. É assim que funciona a imaginação do artista. Onde o pintor inicialmente vê a linda Madona que pretende pintar — na tela do espaço ou na tela de tecido?

Na Idade de Ouro da Grécia, há cerca de 2.600 anos, os gregos eruditos usavam as leis da mente, e conheciam bem o poder de uma imaginação disciplinada e controlada, a oficina do Infinito. Eles instruíam as mulheres grávidas a se cercarem de belos quadros, estátuas e objetos de decoração para transmitirem aos filhos que carregavam no ventre imagens mentais de beleza, simetria, ordem e proporção para que eles tivessem essas qualidades ao nascer. Simples, não é? Mas, de fato, todas as grandes verdades da vida são simples.

Uma fábula oriental conta a história de um príncipe persa que tinha uma deficiência física na coluna e não podia ficar ereto. Ele mandou chamar um grande escultor à sua presença.

— Quero que você faça uma estátua minha, o mais real possível em todos os aspectos, mas com uma única diferença. Você vai me retratar ereto como uma flecha, sem nenhuma curvatura nas costas. Eu quero me ver como deveria ser e como Deus gostaria que eu fosse.

O escultor obedeceu à ordem e algum tempo depois a estátua ficou pronta.

— Muito bem, está exatamente como pedi — disse o príncipe. — Agora tome as providências para colocá-la em um canto escondido dos meus jardins.

Então, três vezes ao dia, de maneira regular e sistemática, o príncipe ia para perto da estátua e a olhava atentamente, examinando cada detalhe, e depois se sentava para meditar por algum tempo, com fé e confiança de que um dia teria uma coluna vertebral tão perfeita como a da estátua, e conseguiria erguer a cabeça e exibir a todos os súditos seu rosto de linhas nobres.

Semanas, meses e até dois anos se passaram. O povo começou a comentar:

— Dizem os nobres que a espinha do príncipe está curada e ele agora caminha com uma postura real.

Um dia o príncipe desceu aos jardins para se mostrar aos seus súditos e, de fato, tinha as costas retas como as da estátua. O quadro que ilustra essa fábula é muito interessante, porque mostra com cores vivas o príncipe encurvado olhando sonhadoramente para a estátua perfeita.

AS MARAVILHAS DA IMAGINAÇÃO DISCIPLINADA

Maravilhas começam a acontecer enquanto você imagina o que é agora e o que deseja ser. Para receber, será preciso inicialmente conceber uma ideia nítida ou criar um quadro mostrando o desejo realizado. Crie o filme mental e projete-o sempre que tiver oportunidade. Ele se tornará real.

Há alguns anos conheci um rapaz que fora convocado pelo Exército e se lamentava porque seu plano de ser médico estava indo por água abaixo. Eu então o instruí:

— Veja-se como se já fosse médico. Você tem de ver o final, o sonho já realizado. Imagine que está com seu diploma, conferido por uma excelente escola de medicina, e nele está escrito que você agora é médico e cirurgião. Olhe bem para ele. Veja sempre o sonho concretizado, use as leis da sua mente.

Expliquei-lhe as leis da mente em cinco minutos e, como ele já completara o segundo grau e se preparava para a universidade, conhecia bastante sobre psicologia e não teve dificuldade em compreendê-las. Depois de algum tempo, o próprio Exército patrocinou seu ingresso numa escola de medicina. Hoje esse rapaz é médico. Ele visualizou o fim. Quem vê os fins encontra os meios para transformar os sonhos em realidade.

Os arqueólogos, paleontólogos e muitos outros que se interessam pelo estudo da pré-história contam que os primeiros habitantes de cavernas desenhavam ou esculpiam nas paredes de pedra figuras dos animais, aves e peixes que queriam capturar. Por quê? Imagina-se que eles sabiam instintivamente que um poder qualquer seria capaz de trazer esses animais à sua vida e assim eles iriam comer o que retratavam em suas mentes. Uma atitude primitiva, sem dúvida, mas o fato é que utilizavam intuitivamente as leis da mente para obterem carne, pele e ossos, que posteriormente usariam para criar instrumentos que favoreceram sua evolução.

Os poderes da mente são infinitos e, mais importante do que tudo, eles estão à sua disposição, porque são uma presença no seu interior. Gostaria agora de falar algo sobre os trabalhos do Dr. Carl Simonton, um renomado médico, especializado no tratamento de câncer.

O Dr. Simonton afirma que com o auxílio do relaxamento, meditação e exercícios de visualização criativa doentes sofrendo de cânceres muito adiantados conseguiram se recuperar quando realmente se empenhavam nesse tipo de tratamento. Ele foi um dos primeiros cientistas a falar sobre o poder da mente no tratamento do câncer e publicou uma série de trabalhos sobre o tema. Farei um breve resumo dessa obra, porque ela trata da imaginação:

"Comecei esse processo (falando sobre a mente) com meu primeiro paciente grave. Expliquei-lhe que por meio de imagens mentais que nós dois iríamos criar tentaríamos exercer alguma influência sobre as células do câncer. Esse homem tinha 61 anos e estava com um extenso câncer de garganta. Perdera muito peso, mal conseguia engolir sua própria saliva e era incapaz de ingerir alimentos sólidos. Depois de lhe dar informações detalhadas sobre a sua doença, pedi-lhe que relaxasse três vezes ao dia e voltasse a ver na sua mente a figura de uma garganta sadia que eu lhe mostrava sempre que tocávamos no assunto. Ele deveria também me ver garantindo-lhe que o tratamento fora bem-sucedido e que agora seu organismo funcionava em perfeita ordem. Ao mesmo tempo, eu também faria sessões de visualização vendo a garganta em perfeita saúde.

Mais tarde, expliquei-lhe objetivamente como funcionava a terapia de radiação e pedi-lhe para voltar a relaxar três vezes ao dia, agora se concentrando no tratamento, visualizando o aparelho funcionando e a radiação destruindo as células doentes. Como antes, eu também faria imagens mentais sobre a atuação da radiação. Os resultados foram impressionantes."

O Dr. Simonton está falando de visualização combinada. Médico e paciente fazem um filme mental vendo o mesmo resultado final e o Poder Maior responde de acordo. Ele continua:

"Quando contei aos meus colegas como eu estava agindo com esse paciente, vi caretas e risinhos de zombaria e alguém perguntou: 'Você ao menos se deu ao trabalho de ligar a máquina de radioterapia?' Minha resposta foi breve. 'Sim, porque ainda não sei o suficiente sobre esse trabalho mental para dispensar o tratamento convencional.' O importante foi que meu paciente ficou curado e agora, um ano e meio depois do tratamento, não apresenta nenhum sinal de câncer na garganta. O interessante é que ele usou basicamente o mesmo processo mental para se livrar da artrite que o afligia há bastante tempo. Fez várias sessões de mentalização criativa, vendo-se com saúde, movimentando-se com agilidade e fazendo o que mais gostava, que era andar a cavalo e nadar. Entusiasmado com os resultados, o que não é de admirar, começou a se tratar para resolver um problema de deficiência de ereção. Estava impotente há mais de vinte anos e era incapaz de ter relações com a esposa. Segundo me contou pelo telefone, passou dez dias fazendo três meditações diárias, relaxando e visualizando seu problema como resolvido, e agora sua vida sexual estava normalizada. Eu o cumprimentei pelos seus feitos e pedi-lhe para me explicar com detalhes como solucionara seu problema, para o caso de eu precisar numa fase posterior da minha vida."

O Sr. Simonton foi médico da aeronáutica na Travis Air Force Base e agora fala sobre o primeiro caso que tratou nesse período. Seu paciente era um navegador da força aérea, não fumante, que apresentava um câncer no céu da boca e um tumor maior na garganta. O primeiro tinha uma porcentagem de cura entre vinte e cinquenta por cento, e o da laringe de cinco a quarenta por cento. Entretanto, como apresentar dois cânceres ao mesmo tempo piora muito a situação, a porcentagem de cura estimada no caso desse oficial era de cinco a dez por cento. O Dr. Simonton escreve:

"Devo enfatizar que ele era um paciente extremamente positivo. Cooperou muito no tratamento e aceitou de bom grado fazer as sessões de visualização. Após uma semana o tumor na garganta começou a diminuir e um mês depois a ulceração no céu da boca não mostrava crescimento do câncer. A resposta, portanto, foi verdadeiramente dramática. Era a primeira vez que eu conseguia uma reação tão marcante em tumores diferentes em tão pouco tempo. Passadas dez semanas de tratamento, o céu da boca readquiriu o aspecto normal e algum tempo depois o câncer de laringe havia desaparecido de tal maneira que em um exame rotineiro nenhum médico conseguiria detectar que anteriormente havia uma doença grave nessa região. Três meses depois de ter sido afastado da ativa, o navegador estava totalmente curado para voltar às suas missões de voo."

As declarações do Dr. Simonton evidenciam que até mesmo pacientes com câncer considerados terminais recuperaram a saúde. Ele também enfatiza que o paciente precisa querer a cura, porque é um fato incontestável que muitas pessoas não colaboram com os médicos nos tratamentos.

Achei importante fazer essa longa citação dos trabalhos do Dr. Simonton para demonstrar os poderes da imaginação. Infelizmente, há pessoas que usam mal a imaginação. Não é incomum encontrarmos um empresário bem-sucedido e próspero que tem uma atitude negativa, preocupando-se com imagens de máquinas paradas, crises financeiras e falência. Apesar disso, ele continua prosperando, porque as coisas que imagina não estão acontecendo. Mas, se continuar com visões de prateleiras vazias, fuga de clientes e derrocada financeira, mais cedo ou mais tarde elas surgirão como realidade em sua vida.

Como já disse anteriormente, a mente subconsciente não julga e seu poder tanto pode ser usado para o bem como para o mal. Nada impede alguém de imaginar uma doença ou o fracasso nos negócios. Temos a capacidade de "vestir" qualquer ideia dando-lhe uma forma física. Para isso, usamos uma capa, que em termos metafóricos é uma cobertura psicológica. Ela pode ser uma capa de medo ou de amor, de desconfiança ou fé. Por que não escolher uma capa de grande beleza? Falando em termos físicos, usamos roupas diferentes em ocasiões diferentes, trajes confortáveis para esportes, formais para o trabalho e sofisticados para certos espetáculos e cerimônias solenes. Também usamos roupas mentais para diferentes atitudes, sentimentos e estados de espírito que acalentamos. Devemos escolher a roupagem adequada para cada tipo de ideia, vestindo as mais construtivas e positivas com nossos melhores pensamentos.

Você pode imaginar qualquer coisa e deve sempre pensar no que é belo e positivo. Pode imaginar um amigo pobre vivendo no luxo e observar a mudança na sua atitude, as rugas de preocupação desaparecendo do seu rosto, sendo substituídas por um grande sorriso de alegria. Ouça-o dizendo o que você gostaria de ouvir, que agora ele está radiante, próspero e feliz, e goza de perfeita saúde. A imaginação pode vestir e materializar qualquer ideia ou desejo. Imagine abundância onde prevalece a carência, paz onde há discórdia e saúde onde existe a doença.

A imaginação é a sua faculdade mental mais importante e tem precedência sobre todos os outros processos mentais. Quando está disciplinada, nos permite dominar o tempo e o espaço, elevando-se acima de todas as limitações. Quem mantém a imaginação ocupada com conceitos e ideias nobres, inspiradas nos ensinamentos de Deus, percebe que ela é o instrumento mais eficaz para incentivar o desenvolvimento espiritual.

A imaginação controla o reino dos conceitos e ideias. Mesmo quem está encarcerado na mais rigorosa das penitenciárias pode imaginar uma vida em liberdade. Você, que talvez esteja vivendo na prisão do medo, doença ou carência, pode se imaginar reencontrando-se com seus entes queridos, fazendo o que mais gosta de fazer, gozando de excelente saúde, até seus desejos se materializarem. Após um tempo de gestação nas trevas do inconsciente, o desejo se manifestará em resposta às suas preces.

Um homem que torce o tornozelo jogando bola, por exemplo, é levado ao pronto socorro e fica sabendo que luxou um tendão. Passado o primeiro impacto do acidente, o normal é ele começar a imaginar que voltou ao campo e está chutando sem dificuldade. Se não pensasse dessa forma, se não dissesse a si próprio algo como: "Ficarei engessado por algum tempo, mas voltarei a jogar", ele jamais se recuperaria.

Entretanto, aprendi que há pessoas que simplesmente não querem melhorar e chegam até a se regozijar com o sofrimento porque gostam de receber atenção e ouvir palavras de conforto. A intenção de Deus é ver-nos exercitando nossa imaginação no mais alto nível para gozarmos das benesses deste mundo. Como Ele pode olhar com bons olhos as pessoas que estão sempre alimentando seus males? Quantos dizem: "É meu reumatismo, sabe?", apalpando os joelhos com um ar de sofrimento, ou minha enxaqueca, minha labirintite etc.

Um arquiteto urbanista pode construir uma cidade inteira em sua mente, vendo as rodovias e prédios supermodernos, controlados por computador, visualizando parques, escolas, hospitais etc. Nada impede que ele construa em sua mente o palácio mais grandioso que já existiu e que veja a cidade em pleno funcionamento antes mesmo de entregar seus desenhos para a companhia construtora. Onde começou a construção da cidade? Na sua imaginação, certamente.

Já expliquei que imaginar é conceber, é impregnar o subconsciente com uma imagem idealizada, que ficará em gestação até se tornar realidade. As ideias que Deus teve para criar o Universo agora estão explícitas e nós, criaturas feitas à sua semelhança, também podemos ver coisas invisíveis em nosso pensamento. Onde está uma nova invenção? Onde está uma nova peça de teatro? Onde está um livro que será escrito? Ele é real porque tem formato e substância em outra dimensão da mente.

Com a imaginação você pode, por exemplo, ver e ouvir sua mãe, apesar dela morar no outro lado do mundo. Ela fala as coisas que você gostaria de ouvir e sua voz é nítida porque, em termos mentais e espirituais, está bem à sua frente. Afinal somos todos seres mentais e espirituais. E sua mãe fala de boas coisas: que está muito bem, em perfeita saúde, cheia de vitalidade e entusiasmo. Você fica feliz com essas palavras e ambas conseguem conversar como se estivessem lado a lado. Recebemos a dádiva desse poder maravilhoso e precisamos cultivá-lo e desenvolvê-lo para sermos prósperos e bem-sucedidos em todos os aspectos da vida.

Agora suponha que sua mãe está doente e foi internada em um hospital. Você conhece a verdade e sabe que não pode imaginá-la nessa situação, porque com essa atitude estaria reforçando o quadro da doença. Cometer a tolice de ver sua mãe no leito, gemendo de dor, seria prendê-la nessa situação. Como conhece as leis da mente, você faz sua prece científica, pedindo a Deus que envolva sua mãe no Seu poder curador. Você afirma que o divino amor está fluindo pelo seu corpo, ativando todas as células para que ela seja curada, que o poder maior está cuidando dela e protegendo-a de todos os males, dissolvendo tudo o que é diferente do divino. O divino amor também está orientando os médicos, enfermeiras e auxiliares envolvidos no tratamento. Faça todas as afirmações que achar necessário, mas lembre-se de que para seus desejos se concretizarem eles têm de concordar com as imagens que você está criando em sua mente.

Portanto, não veja sua mãe no hospital, mas bem diante de você, contando que recebeu um milagre, que nunca se sentiu tão bem, que foi tocada pelo Altíssimo, e então você estará orando de verdade, porque compreendeu o funcionamento da mente subconsciente e é um bom praticante das técnicas positivas.

AS MARAVILHAS DA IMAGINAÇÃO DISCIPLINADA

Afirmar uma coisa e visualizar outra é pura hipocrisia e não dá resultado nenhum. Nada mais simples de entender. Costumo dizer que 99 por cento das pessoas não sabem rezar. Tenho certeza de que fazem longas preces, cheias de palavras difíceis, e repetem mantras e jaculatórias sem cessar, mas estão vendo o pai, a mãe, o filho, ou qualquer outra pessoa, na situação difícil que gostariam de mudar, imaginando-os internados em hospitais, presos em cadeias, deprimidos por causa do desemprego etc.

Creio que você já ouviu algum empresário dizer que teve de despedir fulano de tal porque ele tinha a atitude errada diante dos negócios. O mundo dos negócios conhece bem a importância da atitude. Atitude mental é a reação que você tem diante de pessoas, objetos, circunstâncias e acontecimentos. Como é seu relacionamento com seus parentes, amigos e colegas de trabalho? Você é cordial com pessoas, animais, com o Universo em geral? Você acha que o mundo é hostil? Que lhe deve alguma coisa? A atitude correta que você precisa ter diante da vida é aquela que resulta da certeza de que Deus o está orientando, que existe a ação correta em sua vida, que você irradia amor, paz e boa vontade para tudo e todos que estão neste planeta. Com uma mudança de atitude você modifica sua existência e todas as facetas da vida como que se derretem magicamente na imagem e semelhança da sua nova atitude.

Se você imagina, por exemplo, que certas pessoas são más, desonestas e invejosas, preste atenção às emoções que está invocando em seu coração. Agora, reverta a situação. Comece a imaginar que essas mesmas pessoas são cordiais, honestas, sinceras e bondosas, e volte a prestar atenção nas emoções que esse pensamento desperta. Então, você não é o dono das suas atitudes? Na verdade, é o seu conceito de Deus que determina sua atitude em relação à vida como um todo. Suponha que a professora do seu filho manda chamá-la para lhe dizer que o menino tem dificuldades de aprendizado. O que você faria? Ficaria indignada, triste? Agora suponhamos que você conheça as leis da mente e o modo como o espírito atua. Ao voltar para casa, você se acomoda numa poltrona e começa a relaxar e mobilizar sua atenção. O relaxamento é importante e tem de vir em primeiro lugar, porque, quando o corpo está relaxado, a mente se acalma. Comece o relaxamento de baixo para cima. Diga:

> Meus dedos dos pés estão relaxados, meus pés estão relaxados, meus músculos abdominais estão relaxados, meu coração e meus pulmões estão relaxados, minha coluna vertebral está relaxada, meu pescoço está relaxado, meus braços e mãos estão relaxados, meus olhos estão relaxados, meu cérebro está relaxado, meu corpo está completamente relaxado dos pés à cabeça.

Quando você dá ordens para seu corpo se libertar da tensão muscular, ele não pode deixar de obedecer. O corpo precisa relaxar para a mente ficar mais receptiva. *Relaxe e creia*. É nesse momento em especial que o Todo-Poderoso começa a agir. Sua mente se acalma e você pode começar um trabalho mental. Então, como resolver o caso do seu filho? Imagine o menino correndo na sua direção e dizendo: "Mamãe, tirei nota A em todas as lições!" Ele sorri, alegre e feliz. Deus está dentro dele, anda e fala com ele. Há uma luz especial em seus olhos. "A professora me elogiou e disse que sou o melhor aluno da classe!" A Infinita Inteligência está estimulando o funcionamento físico e mental do menino. A sabedoria de Deus está ungindo seu intelecto e então você ouve o que tanto gostaria de ouvir da professora: "O garoto melhorou demais! Está alerta, interessado em aprender. Que grande mudança!"

Se você criar esse filme mental e se dispuser a repeti-lo diversas vezes, a inteligência e sabedoria de Deus, que estavam dormentes dentro do menino, irão despertar porque habitam dentro dele e sempre estarão lá. O amor de mãe pode fazê-las emergir para a mente racional. Isso é imaginação disciplinada. Algum tempo depois você ouvirá o menino lhe dizer em alto e bom som o que falou subjetivamente quando você estava relaxada, em um estado passivo e receptivo.

O trabalho mental é tão simples como dois mais dois. Estou falando da imaginação controlada e dirigida, e ela funciona, porque segue as leis da mente. Os cientistas modernos não têm mais dúvidas sobre o poder mental e cada vez mais aconselham os médicos e terapeutas a usá-lo no tratamento dos seus pacientes. Nossa ideia dominante sobre Deus é nossa ideia sobre a vida, pois Deus é vida. Quem tem como ideia ou atitude dominante a certeza que Deus é um poder espiritual que habita seu interior e se mostra sempre disposto a atender a seus desejos, e procura ter habitualmente pensamentos elevados e imagens construtivas e harmoniosas, sabe que esse Poder Maior o está conduzindo para escolher as ações corretas que lhe trarão prosperidade em todos os aspectos da sua vida. Essa atitude dominante abafará dúvidas e incertezas e os desafios da vida serão enfrentados com uma mente positiva e afirmativa e com a alegre expectativa de receber o melhor que pode existir.

Um bom exemplo de como a imaginação de uma pessoa criou um dos mais bem-sucedidos negócios do mundo empresarial é

Howard Schultz, o "homem da Starbucks". Foi preciso surgir uma pessoa com visão, determinação e inabalável confiança para fazer um novo conceito tornar-se realidade.

Schultz foi contratado como gerente de vendas a varejo e marketing pela Starbucks, na época uma pequena distribuidora de café que tinha alguns pontos de venda em Seattle. Ele era de Nova York, estava com 29 anos e acabara de se casar. Pensando numa melhora de vida, o casal deixou seu lar e mudou-se para a Costa Oeste.

Cerca de um ano depois, Schultz visitou a Itália a negócios. Caminhando por Milão, notou como o café era importante na cultura italiana. O dia de trabalho começa com um café forte e quente nas cafeterias e no final do dia amigos e colegas se reúnem em torno de uma xícara de expresso para conversar antes de irem para casa. A cafeteria é o centro da vida social italiana. Schultz começou a imaginar estabelecimentos desse tipo transferidos para os Estados Unidos, onde não existia nada parecido. No seu entender, a Starbucks poderia criar bares desse tipo, pois o café que comercializava era afamado pela sua qualidade.

Schultz visualizou centenas de cafeterias da Starbucks espalhadas pelos Estados Unidos, lugares onde funcionários de escritórios e passantes parariam para um café rápido e gostoso. Se houvesse pontos de venda em shoppings e ruas de grande comércio, os consumidores seriam atraídos pela possibilidade de descansarem as pernas enquanto tomavam um expresso. Namorados marcariam encontros em um café e não em bares que serviam bebidas alcoólicas. Famílias procurariam algum tipo de refresco antes e depois do cinema ou teatro.

Essa ideia tornou-se uma obsessão para Schultz. Estava determinado a construir uma rede de cafeterias baseada no modelo italiano, mas os proprietários da Starbucks mostravam-se relutantes, porque seu negócio era a venda de café por atacado e os pequenos restaurantes que possuíam não davam um retorno significativo.

Resolvido a atingir sua meta, Schultz demitiu-se da Starbucks e fundou sua própria empresa. Em 1986, ele abriu sua primeira cafeteria em Seattle, que foi um sucesso imediato. Logo Schultz inaugurou lojas em Seattle e Vancouver. No ano seguinte, ele comprou a Companhia Starbucks e adotou esse nome para suas empresas.

Schultz sempre acreditou que um dia a qualidade das cafeterias Starbucks causaria uma diferença no modo de vida dos estadunidenses, e o hábito de tomar uma xícara de café se tornaria parte da cultura do país. A ideia deu certo. Desde 1990, a Starbucks tem visto suas vendas se multiplicarem por nove a cada ano.

Entretanto, nem tudo foi um mar de rosas. Schultz teve prejuízos nos três primeiros anos de operação e perdeu mais de US$ 1 milhão só em 1989, mas nunca pensou em desistir. Tinha a firme convicção que estava no caminho certo e que logo as perdas se transformariam em renda.

Quando as lojas de Seattle começaram a dar lucro, a Starbucks começou a se expandir vagarosamente para outras cidades, como Portland, Los Angeles, Denver e Chicago. Tempos depois entrou no mercado de toda a Costa Leste. Hoje, a Starbucks tem filiais em todos os estados do país e também ao redor do mundo. Tornou-se um nome conhecido em muitos países e é considerada um exemplo da engenhosidade estadunidense no campo do marketing. E fez de Howard Schultz um dos homens mais ricos do mundo.

Muitas pessoas encaram a vida com amargura e parecem não encontrar nada de bom nela. São negativas, cínicas e mal-humoradas, resultado da atitude mental dominante que dirige sua reação a tudo o que cruza seu caminho. Mesmo quando vivenciam algo bom, seja em termos pessoais ou familiares, sua satisfação é breve, porque logo se entregam à desesperança.

Um garoto de 16 anos que cursava o ensino médio reclamou: "Estou tirando notas péssimas e vivo tendo brancos nas provas. Não sei o que está acontecendo comigo."

A única coisa errada nele, conforme detectei, era sua atitude. Depois de uma boa conversa, ele compreendeu como o estudo era importante para conseguir os pontos necessários que lhe permitiriam cursar a universidade e se formar como advogado. Esse argumento o fez adotar uma nova atitude mental e a começar a praticar a prece científica.

A prece científica é um dos modos mais rápidos para favorecer uma mudança na mentalidade. Nela lidamos com o princípio que reage ao pensamento. O jovem convenceu-se de que havia um Princípio Espiritual em seu interior, que era a única causa e poder. Começou a afirmar que sua memória era perfeita, que a Infinita Inteligência lhe revelava constantemente tudo o que precisava saber, em todas as ocasiões. E, sobretudo, passou a irradiar boa vontade sobre professores e colegas, o que é importantíssimo. Atualmente, esse rapaz goza de uma tranquilidade que há muitos anos não sentia. Imagina sua mãe e professores dando-lhe parabéns pelo progresso escolar e, de fato, está tendo um ótimo aproveitamento. A imaginação foi bem-sucedida porque houve inicialmente uma mudança de atitude. Quem faz sessões regulares e constantes de afirmações criativas, dizendo que gosta do que está fazendo e que é bem-sucedido — desde que não negue o que afirma —, não tem como não obter êxito. A lei da mente nunca falha.

Eu disse anteriormente que todas as atitudes mentais são condicionadas pela imaginação e que ela pode ser usada tanto para o bem como para o mal. Todas as forças da natureza têm o aspecto negativo e o positivo. O ácido nítrico pode ser utilizado para causar uma queimadura ou para criar lindos desenhos em painéis de vidro. A água usada para saciar a sede pode causar mortes por afogamento. Não há nada de errado na água. O vento que impulsiona um veleiro pode levá-lo a naufragar nas rochas se as leis da navegação não forem respeitadas. As leis da química são plenamente confiáveis e as substâncias químicas podem ser misturadas para abençoar a humanidade com curas maravilhosas. Entretanto, quem entra num laboratório e começa a mexer nas substâncias sem conhecer as leis de atração e repulsão, nem os pesos atômicos de cada uma, está arriscado a causar uma grande explosão.

Nada nos impede de criar um mau dia, imaginando que nenhum cliente entrará em nossa loja, por exemplo, por causa da chuva ou do frio, ou por pura falta de dinheiro para comprar. Apesar desse quadro ser negativo, ele se tornará realidade, porque é assim que funcionam as leis da mente.

Uma mulher me telefonou queixando-se que estava tentando vender a casa que herdara com a morte do pai. Era uma mansão bonita e bem conservada, que valia pelo menos US$ 500 mil.

— Sou viúva e não vou morar sozinha numa casa desse tamanho. Quero mesmo vendê-la, mas acho que atualmente ninguém tem dinheiro para fazer negócios à vista. O corretor tem trazido muitos interessados para conhecer a casa, mas não consegue fechar a venda.

— Vou ensiná-la a agir de uma outra maneira — falei. — Não fique alimentando suas crenças negativas. Imagine que você está mostrando essa casa a um possível comprador e leve-o para conhecer todos os cômodos, sem esquecer a garagem e edículas do quintal. Veja o homem sorrindo e dizendo "Gostei muito e vou ficar com ela", tirando a carteira do bolso e preenchendo um cheque com o valor que você está pedindo.

— Mas... é tudo imaginário, não?

— Sim, imagine-se feliz, levando o cheque para depositar no seu banco. Veja também o gerente dando-lhe os parabéns por ter vendido a casa. Encenando essas situações em sua mente, você está libertando a propriedade, deixando-a sair da sua vida, porque mostra que não há dúvidas na decisão de vendê-la.

Se você não vender a casa em sua mente, jamais fechará negócio, porque todas as transações acontecem primeiramente no âmbito mental. Isso é tão simples como dois mais dois.

Às vezes tenho enorme dificuldade em compreender o pensamento das pessoas. As leis mentais são tão simples! Até uma criança de 7 anos consegue entendê-las. Quem é incapaz de ensiná-las a uma criança, não sabe nada sobre a imaginação criativa porque, se tivesse esse conhecimento, faria questão de transmiti-lo para seus filhos, parentes ou alunos.

Voltando ao exemplo da venda da mansão, é óbvio que o negócio não se concretizará se não surgir alguém interessado na propriedade e com os meios necessários para comprá-la. Mas, se eu começar a dizer a mim mesmo: "Nesta situação que estamos vivendo, quem tem US$ 500 mil em dinheiro vivo? Mesmo que fosse pelo crédito imobiliário, que banco aceitaria financiar uma quantia tão grande?", já estarei vencido antes de começar. A verdade, porém, é que existem muitas pessoas que dispõem desse dinheiro. O mundo está cheio de milionários.

O único modo de vender a mansão é querer vendê-la. Simples, não é? Tomada a decisão, a Infinita Inteligência encontrará o comprador. Então vem a prece científica:

> A Infinita Inteligência traz para mim o comprador que gosta desta casa, deseja comprá-la e tem o dinheiro para isso.

Agindo dessa forma, afastamos todas as pessoas que não têm um centavo e só querem conhecer a casa por dentro. Afinal, o vendedor não trabalha no ramo do turismo e nada o impede de decretar que só entrará na casa quem tem o dinheiro na mão. Este é o filme que tem de ser imaginado: o proprietário mostrando todos os cômodos da casa, vendo o ar de satisfação do interessado e concordando com o preço. E pronto, venda concluída. Não há um modo mais rápido de comercializar alguma coisa.

Uma vez Thomas Troward estava andando pelas ruas de Londres quando pensou ter visto uma cobra. O medo fez com que ele ficasse semiparalisado. O que ele viu parecia uma cobra. É óbvio que não há cobras em Londres, mas Troward teve as mesmas reações mentais e emocionais, como se fosse realmente uma cobra.

Então, o que você vai imaginar? As escrituras de muitas religiões o aconselham a escolher coisas verdadeiras, justas, belas, puras, honestas e de boa fama. Pense nessas coisas, imagine essas coisas. O que você pensa sobre a vida? Acha que ela será plena e feliz, ou não imagina nada mais do que uma longa sucessão de decepções?

Você molda e ajusta seu mundo de acordo com as imagens mentais que está sempre repetindo. Imagine condições e circunstâncias que dignificam, elevam, agradam e satisfazem. Se você é mulher, por exemplo, imagine seu marido dizendo algo que gostaria muito de ouvir. Sente-se numa poltrona confortável, feche os olhos, imobilize sua atenção e relaxe. Relaxar e crer, essa é a atitude que trará melhores resultados. Imagine seu marido se aproximando e dizendo: "Eu te amo, querida. Não existe outra mulher tão sensacional!" Não é o que você ansiava ouvir? Ainda relaxada e crendo, imagine seu marido lhe contando que foi promovido, que faz o que gosta e está feliz no novo cargo. Ele continua a fazer afirmações que há muito você ansiava ouvir, como: "Devo a você tudo o que sou. Sem sua compreensão e incentivo eu não seria nada, nunca teria chegado a essa posição na empresa." Ouça e não negue o que está sendo afirmado em sua imaginação. Mais cedo ou mais tarde você ouvirá seu marido dizendo em alto e bom som tudo o que disse no seu filme mental. Essas palavras se tornarão reais porque você só desejou o bem e receberá de acordo com a Regra de Ouro e a lei do amor.

Recebo inúmeras cartas de homens e mulheres em diferentes etapas de união. Certos pedidos são incríveis, como: "Quero me casar com essa mulher, mas ela não liga para mim. Como devo rezar para conquistá-la?" Que tipo de prece é essa? Costumo responder que não entra em minha cabeça a ideia de um homem em sã consciência querer viver ao lado de uma mulher que não o deseja. O mesmo vale para as mulheres que sonham se casar com um sujeito que nem lhes dirige um segundo olhar.

Em um relacionamento, o amor tem de ser mútuo e ponto final. Não pode haver confusão. Uma mulher me disse:

— Estou loucamente apaixonada por John Jones.

— Muito bem — falei. — E como John Jones trata você? Ele lhe propôs casamento? Deu-lhe um anel de noivado? Já marcou a data do casamento?

— Não, ainda não disse nada. Mas ele sempre sorri quando me vê e é muito gentil comigo.

Santo Deus! Que loucura!

Se você está apaixonado por alguém, essa pessoa tem de estar apaixonada por você. Por isso, não tente forçar alguém a amá-lo, a casar-se com você ou algo parecido. Isso é como ocultismo, e o mal volta em dobro!

Temos de amar nosso próximo, ou seja, precisamos irradiar amor, paz e boa vontade para nossos semelhantes, sermos cordiais e educados com todos, e desejar-lhes todas as bênçãos da vida. Quem não agir dessa maneira, terá problemas. Devemos desejar aos outros tudo o que queremos para nós mesmos.

Voltando ao nosso modo de ver a vida, se você imagina a vida como sendo fria, cruel, dura e amarga, serão inevitáveis os conflitos e sofrimento. Se sua vida é difícil, está apenas refletindo o que você imagina. Imagine-se em um campo de golfe. Você sente-se livre, está relaxado e cheio de energia e entusiasmo. Sua alegria está vencendo todas as dificuldades encontradas no percurso pelo gramado. A verdadeira emoção está em superar todos os obstáculos.

Agora, imagine esta cena: você está indo para um velório. Preste atenção nas reações emocionais que estão emergindo enquanto você se vê nessa situação. Na capela do velório, se você conhece as leis da mente, se não está vivendo na Idade Média, se não está hipnotizado ou não foi vítima de lavagem cerebral, o certo é regozijar-se pelo novo aniversário da pessoa que morreu. Imagine-o cercado por seus amigos e parentes no meio de um cenário de indescritível beleza de uma próxima dimensão da vida. Imagine o rio da paz de Deus fluindo pela mente e pelo coração dos presentes, e o falecido ascendendo ao Céu com alegria porque vai comemorar um novo aniversário na companhia de Deus. Isso é imaginação criativa e amor pelo próximo.

Atualmente, são raros os grandes funerais com cerimônias de corpo presente. Nada mais elogiável. É bastante comum, alguns dias após o enterro, um parente do falecido convidar parentes e conhecidos para participarem de um culto, missa ou meditação dando graças pela passagem que o levou para os braços de Deus.

Como é sensata uma atitude como essa! É belo ver pessoas despertando para as grandes verdades. Pensar em alguém que está enterrado em algum lugar é errado porque você está se identificando com interrupção, término e limitação, está construindo um cemitério em sua própria mente. E todos sabemos quais são os resultados negativos que isso acarreta, não é?

Um dia, eu e um parente meu, professor universitário, estávamos visitando um sítio arqueológico na Irlanda e admirando uma das antigas e peculiares torres redondas que são encontradas em muitas regiões. Ele ficou observando-a por uma hora. Manteve-se calado, passivo, parecendo imerso nos seus pensamentos. Quando saiu desse estado meditativo, perguntei em que estivera pensando. Farei um resumo do que ele me contou.

Meu parente salientou que só podemos nos expandir e crescer quando estudamos as grandes e extraordinárias ideias que construíram nosso mundo. Ele ficou impressionado com a idade das pedras da torre e então sua imaginação o levou à antiga pedreira de onde elas haviam sido retiradas. Concentrando-se em um único bloco, sentiu que penetrava nele e, com o olho da mente, foi capaz de ver a estrutura geológica da pedra, os minerais que entravam na sua composição, até chegar à estrutura atômica de cada um deles. Finalmente, imaginou que uma pedra é fundamentalmente igual a uma outra e que elas são formadas pelos mesmos elementos que compõem o reino mineral, vegetal e animal, o mundo inteiro. Depois disso, percebeu que usando a imaginação criativa, o divino existente dentro dele estava conseguindo visualizar a história dos irlandeses que tinham vivido naquela região a partir de uma única torre.

É a pura verdade. Qualquer um pode fazê-lo, porque existe uma única substância, uma única lei, uma única vida, uma única verdade. Nas pedras de uma torre está guardada a memória de um povo. Por quê? Porque, na realidade, nada é sólido, nada está morto neste Universo. A pedra que chamamos de matéria inanimada — absurdo! — está viva! Por meio da imaginação treinada, esse professor conseguiu captar a energia das pessoas que tinham vivido na torre e viu e ouviu os antigos moradores. O lugar voltou à vida em seu pensamento. Por meio desse mesmo poder ele foi capaz de recuar no tempo, até chegar ao ponto onde ainda não havia uma torre naquele morro. Em sua mente recriou os acontecimentos, começando com o local de origem das pedras, como tinham sido transportadas, qual era o propósito da construção e toda a história ligada à torre.

O professor me contou que fora quase capaz de tocar as pedras e sentir sua textura, e ouvir passos nas escadas que haviam desaparecido há milhares de anos. E de onde vieram essas cenas? E mais, de onde veio a história da humanidade, de onde veio a poesia? A mente subjetiva permeia tudo o que existe. Ela está em todas as coisas, é a substância a partir da qual todas elas foram feitas. A arca do tesouro da eternidade está contida até nas menores pedras que formam uma construção. Não existe nada inanimado neste Universo, tudo é vida em suas várias manifestações.

Por intermédio da faculdade da imaginação, você pode ter uma revelação sobre os invisíveis segredos da natureza. Quando ela estiver mais desenvolvida, descobrirá que é capaz de sondar as profundezas da consciência e o invisível se tornará visível.

O rádio, televisão, cinema, radar, aeronaves e todas as outras invenções modernas saíram do reino da imaginação. Até as religiões se originaram na mente humana. Com a imaginação podemos abrir a arca do tesouro do infinito, que se revela a nós, liberando suas riquezas, como as artes plásticas, música, poesia e invenções. Por isso, podemos olhar para as ruínas de um templo ou pirâmide e reviver os acontecimentos há muito guardados na mente do mundo, ou ver uma cidade ressuscitada em toda sua glória e beleza a partir de uma pilha de velhos tijolos.

Você pode estar preso à carência, adversidade, até confinado em um presídio, mas na imaginação encontrará uma liberdade que jamais foi sonhada. Agora mesmo posso ver William Shakespeare andando pelos vilarejos ingleses e ouvindo as histórias, fábulas e mitos daquela época. Eu o imagino sentado à sua mesa, incluindo esses fatos numa peça e criando seus personagens, dando-lhes carne, ossos, pele e cabelos, criando para eles uma personalidade, tornando-os tão vivos que ao ler as obras do grande dramaturgo pensamos que estamos lendo sobre nós mesmos. Entenda que todas as histórias e personagens de Shakespeare estão dentro de você.

Use sua imaginação para ajudar seu Pai a cuidar dos seus interesses. Deus se interessa pelos seus filhos e quer ver suas faculdades, habilidades e sabedoria emergirem para beneficiar não apenas você, mas também o seu próximo. Por isso, você está cuidado do negócio de Deus quando, por exemplo, possui uma pequena loja, mas em sua imaginação sente que está administrando um grande estabelecimento, dando muitos empregos aos seus semelhantes. Se você é poeta ou escritor, também estará cuidando dos negócios do seu Pai se criar em sua mente um livro ensinando algo sobre a Regra de Ouro e a lei do amor. A fé atua por meio do amor e não é impossível alguém ter a fé que move montanhas, mas, sem amor, você não chegará muito longe. Amor é bondade, cordialidade, compaixão, é boa vontade com todos os seres humanos, desejando-lhes todas as bênçãos da vida.

Os poderes da imaginação, como já disse tantas vezes, estão dentro de você e seria uma ótima ideia todos nós reavaliarmos nossas ideias, verificarmos nossas crenças e opiniões. Pergunte a si mesmo: por que acredito nisto? De onde veio essa opinião? Por que tenho esta crença? Talvez você descubra que muitas crenças, teorias e opiniões que acalenta são erradas e foram aceitas como verdadeiras sem qualquer verificação sobre sua veracidade e exatidão.

Na imaginação não existe tempo ou espaço. Os arqueólogos estudam as ruínas das tumbas do Antigo Egito e por intermédio da sua percepção imaginativa reconstroem seu aspecto original examinando pequenos pedaços de cerâmica. Para eles, o passado ganha vida e em sua imaginação eles visualizam o templo restaurado, cercado de jardins, fontes e lagos. Os paleontólogos encontram ossos de animais fossilizados que viveram em uma época na qual os seres humanos só se comunicavam por meio de sinais, gritos e grunhidos e, com sua imaginação criativa, veem esses ossos cobertos de músculos, tendões e pele, e os animais vivendo nas montanhas e savanas. O passado torna-se o presente vivo.

Por meio da sua faculdade da imaginação você pode gozar da companhia das mais inspiradas pessoas de todos os tempos. Você é capaz de ser bem-sucedido em seus empreendimentos, de vencer o fracasso, a adversidade e a pobreza. Lembre-se de que Deus lhe deu a imaginação criativa porque quis secar todas as suas lágrimas.

Resumo do capítulo

- Se você deseja ser bem-sucedido, precisa começar imaginando-se bem-sucedido. Se deseja ser rico, precisa começar imaginando-se rico.
- Quando o mundo diz: "É impossível, isso não pode ser feito", a pessoa imaginativa afirma: "Já está feito." A imaginação tem o poder de penetrar nas profundezas da realidade e revelar os segredos na natureza.

- Por intermédio da sua faculdade de imaginar o resultado final você tem controle sobre qualquer circunstância ou condição. Se quer ver um desejo, uma ideia ou plano concretizado, crie um quadro mental no qual ele já se tornou real. Imagine de maneira regular e constante o desejo concretizado. Assim, você estará compelindo-o a se tornar verdade.
- Sua imaginação tem o poder de revestir qualquer desejo com o manto da realidade. Você pode imaginar abundância em que a carência é flagrante, paz na qual existe a discórdia e saúde em que existe a enfermidade.
- Tudo o que você for capaz de imaginar, será capaz de conceber, que é impregnar o subconsciente com um quadro sobre a ideia, o ideal, que ficará em gestação na mente mais profunda até se materializar. A alma consegue ver coisas invisíveis em sua mente. Onde está o sucesso que você tanto deseja? Na sua imaginação, é lógico. Ele tem forma e substância em outra dimensão do subconsciente. Acredite que você obteve sucesso e ele se tornará real.
- Usando sua faculdade da imaginação, você será capaz de gozar da companhia de todos os grandes artistas do presente ou do passado. Você pode ser bem-sucedido em todos os seus empreendimentos e vencer a adversidade, o fracasso e a pobreza. Deus nos deu a imaginação porque queria secar nossas lágrimas. Nascemos para sermos ricos e bem-sucedidos.

CAPÍTULO 6
Nada é de graça

Não é incomum vermos em algum restaurante de beira de estrada: "Comeu, pagou." Um dia eu estava numa loja e me ofereceram um pacotinho de lâminas de barbear de graça se eu levasse dois tubos de creme. Não sou nenhum ingênuo e não tenho dúvida de que o preço das lâminas estava incluído no preço total. Nenhum comerciante ou empresário diminui sua margem de lucro para ser bonzinho e ir para o Céu. Nada neste mundo é grátis. Se você quer ser rico, tem de pagar o preço da riqueza; se sonha com o sucesso, primeiro precisa pagar por ele.

Seja qual for o seu desejo, você deve dar toda sua atenção, devoção e lealdade a ele. Só então receberá uma resposta. O preço é a crença, a convicção. Lembre-se de que nada é grátis.

Dizem que a salvação não tem preço, mas não é verdade. Você consegue a graça por meio da fé. Graça significa que o amor, a luz e a glória do Infinito estão à disposição de qualquer pessoa que pedir por ela. "Clama e responderei... habitarás o Monte Santo porque conheces Meu nome." Graça é a resposta que a Suprema Inteligência dá aos seus pensamentos e atos. Ela está à disposição de todos os seres humanos e não é somente uma recompensa para pessoas que professam alguma religião, credo ou dogma.

A natureza da Infinita Inteligência é a receptividade e qualquer pessoa que clamar por uma resposta vai recebê-la. Entretanto, ela não vem fácil e raramente é instantânea. Você terá de repetir suas afirmações e visualizações até elas se tornarem uma segunda natureza, até seu subconsciente começar a funcionar automaticamente. Será preciso grande empenho para manter a regularidade das meditações, mas esse é um esforço positivo, no qual não deverá haver nervosismo ou tensão.

Quando você quis aprender a andar de bicicleta, tocar piano, nadar ou tirar a carteira de motorista, teve de tomar a decisão de começar, de repetir muitas vezes os movimentos necessários e precisou mostrar determinação. Agora, dirigir, nadar e tocar piano de olhos fechados é simples. Enquanto aprendia piano, por exemplo, você usou o movimento dos dedos para repetir inúmeras vezes um modelo de pensamento e hoje toca automaticamente, porque seu subconsciente está atuando por intermédio dos seus dedos, trazendo à realidade o que nele foi gravado.

Portanto, para tudo existe um preço, que pode ser o reconhecimento, a aceitação e a convicção. Dedique toda a sua atenção, devoção e lealdade a qualquer empreendimento e em troca ele desvendará seus segredos. Se você não agir dessa forma, jamais conhecerá qualquer assunto ou situação a fundo, quer se trate de disciplinas como química ou física, ou de um emprego ou negócio.

A Sra. Menier era excelente instrutora sobre o poder do subconsciente que morava no Hotel Lucerne, em Nova York, onde também me hospedei por algum tempo. Uma amiga costumava visitá-la regularmente, levava alguns livros emprestados e aceitava as roupas usadas que a Sra. Menier lhe oferecia. Isso me intrigava e uma vez perguntei:

— Por que essa mulher não aprende o que você ensina tão bem? Ela não precisa usar roupas de segunda mão.

— Bem... — explicou a Sra. Menier — Ela não se dispõe a pagar o preço. Não presta atenção no que eu digo e nunca se interessou em colocar meus ensinamentos em prática. Não quer aplicar as verdades à sua vida. Acho que, para ela, roupas usadas são mais importantes do que sabedoria.

Já me deparei com muitas situações desse tipo. A mulher preferia ganhar roupas, bolsas e guarda-chuvas usados a se empenhar na aplicação das leis mentais e espirituais. Muitas pessoas agem dessa maneira e não se dispõem a fazer algo que poderia mudar sua vida. A Sra. Menier era bondosa e continuou a ajudar a mulher por compaixão, um sentimento nobre, mas prejudicava um possível desenvolvimento espiritual dessa pessoa.

Em um seminário sobre "O poder do subconsciente", em Denver, no Colorado, uma mulher comentou:

— Entendi o que o senhor ensina e reconheço que poderei conseguir tudo o que desejo. No entanto, não consigo acreditar que isso já está concretizado em minha mente.

Eu lhe expliquei que na vida é simplesmente impossível receber alguma coisa sem pagar por ela. Essa senhora rezava pela cura de um problema de pele há quase dez anos, sem resultado. Fizera inúmeros tratamentos com loções e pomadas que se revelaram inúteis. Percebi logo que ela jamais se dispusera a pagar o preço da cura, que é a fé na Infinita Presença Curadora. "Tudo o que pedires em oração, crendo, recebereis."

A fé, contudo, não está em um credo, dogma, igreja, pessoa ou qualquer outra coisa dessa natureza. Os que gostam de química, por exemplo, estudam suas leis e princípios e posteriormente adquirem a capacidade de criar extraordinários compostos para o bem da humanidade. A fé que depositam na química vai crescendo à medida que eles se aprofundam nos princípios dessa ciência, que são imutáveis.

A verdadeira fé é a atenção, dedicação e lealdade ao Único Poder Criativo. Você tem fé, por exemplo, quando não duvida que qualquer ideia depositada no subconsciente, reforçada por emoções, será materializada como forma, função, experiência ou acontecimento. Você tem fé quando sabe que pensamentos são coisas, que atraímos para nós o que desejamos ou tememos e temos a possibilidade de nos tornar o que gostaríamos de ser. Essa é a fé nas leis criativas da sua própria mente, na presença de uma Infinita Inteligência que habita seu interior e reage aos seus pensamentos. Você tem plena certeza de que quando pede ajuda a essa Presença, Ela responde.

Os jornais noticiaram que um grupo de rapazes foi fazer uma caminhada numa mata e acabou se perdendo. Eles não haviam levado uma bússola nem sabiam se orientar pelas estrelas, mas alguns tinham fé e resolveram se sentar e rezar algo como: "O Senhor é o meu pastor, nada me faltará. Ele me conduzirá até o acampamento. Ele cuidará de mim. Ele está me guiando agora mesmo." Esses moços tiveram uma intuição e escolheram uma trilha. Seguiram por ela com a certeza que surge quando clamamos à Suprema Inteligência e depois de um ou dois quilômetros chegaram à margem de um rio. Enquanto desciam, acompanhando a correnteza, foram avistados pela equipe de resgate.

O Princípio Orientador está dentro de nós, mas só pode atuar em nosso benefício por intermédio do nosso pensamento. Os rapazes perdidos pagaram alguma coisa antes de serem salvos. Reconheceram a Presença em seu interior, voltaram sua atenção para Ela, clamaram por sua ajuda e, cheios de fé, esperaram por uma resposta. Se alguém não percebe a presença da Infinita Inteligência, não reconhece o seu poder e age como se Ela não existisse, não é atendido. Voltando ao caso da mulher com doença de pele, o preço que ela teria de pagar era a aceitação da Presença Curadora e a convicção de que a cura já estava concretizada no seu subconsciente. Durante os longos anos de doença, estivera dando poder às coisas externas, dizendo: "Não posso tomar sol porque minha pele é muito sensível. Sou alérgica ao frio. Creio que o eczema que me aflige é hereditário, porque minha mãe também sofria desse mal. Deve ser um defeito nos meus genes." Sua mente estava dividida e ela jamais optara por pagar o preço, que era dar atenção à Presença Curadora em seu interior, confiar nas leis do subconsciente e ter fé no Poder Infinito. Escrevi uma prece para essa senhora, instruindo-a a repeti-la vagarosamente, com calma e reverência várias vezes por dia:

> A Infinita Presença Curadora que criou o meu corpo e todos os seus órgãos conhece todos os processos e funções do meu organismo. Declaro, sinto e sei com absoluta certeza de que a grandiosidade e glória do Infinito são manifestadas em minha mente e corpo. A inteireza, a vitalidade e a vida do Infinito fluem através de mim e cada átomo do meu ser está sendo transformado pela Infinita Presença Curadora. Estou libertando e perdoando a todos que me cercam e derramo vida, amor, verdade e beleza sobre todos os meus parentes de sangue ou por afinidade. Sei que perdoei a todos, porque posso vê-los em minha mente sem

sentir uma pontada de angústia no coração. Agradeço sinceramente a cura que está acontecendo agora e sei que, quando peço, a resposta vem.

Antes de minha partida de Denver, essa senhora me contou que houvera uma notável melhora no seu corpo e seu espírito e uma cura estava se concretizando diante dos seus olhos. Depois de refletir sobre o que eu lhe dissera, convenceu-se de que deveria pagar o preço antecipadamente, estudando e aprontando sua mente para receber a dádiva da cura. Entendeu que as dúvidas tinham causado uma divisão em sua mente e que cedia a um poder indevido a dietas, clima, genética e muitos outros fatores.

A mulher aprendeu que o pensador científico não transforma o mundo exterior ou qualquer coisa que existe nele em causador. A causa de tudo o que acontece é o Espírito interior — a Presença de Deus. Deus é a Causa Suprema e onipotente, e nada pode se opor a Ela, distorcê-La ou prejudicá-La. No instante em que você aceita a possibilidade da existência de outra força igualmente poderosa, está dividindo sua mente e o subconsciente jamais atende aos clamores de uma mente confusa. Se você entrar num elevador e começar a apertar os botões a esmo, não irá subir nem descer para chegar ao seu andar, mas ficará preso dentro dele, na maior confusão.

A fé vem por intermédio do conhecimento das leis da mente e da sua aplicação diligente em todas as suas atividades. Já falei sobre o cientista que tem fé nas leis da química e da física e por isso é capaz de criar produtos e aparelhos para aliviar os males que afligem o ser humano. Os cientistas sentem que sua fé na matéria que escolheram aumenta ainda mais à medida que aprofundam seus estudos sobre as leis da natureza. Os agricultores sabem que precisam semear e cuidar da plantação para obterem uma colheita, mas antes de qualquer ação têm de decidir se vão plantar trigo, soja, aveia ou cevada. Eles tomam a decisão e só então depositam as sementes no solo. Portanto, eles têm de dar para receber.

Para receber algumas coisas, você necessita antes de tudo dar algo para a sua mente. Antes de receber a riqueza, precisa imprimir em sua mente a ideia de riqueza, porque o que é gravado no subconsciente se expressa na tela do espaço. Para conseguir alguma coisa você tem de construir o equivalente mental no subconsciente, porque o Infinito está no interior do seu ser. A dádiva já foi concedida. Deus é o doador e a dádiva, e você é o receptor. E o que pode dar a Deus em troca? Nada do que existe neste mundo, certamente, porque Deus é a Infinita Presença e o Infinito Poder, o Princípio Vital, o Progenitor, o Pai de tudo. Ele é tudo, é a folha de capim, a maçã, o ar, a pedra, a semente. Tudo. E tudo já estava aqui quando você nasceu.

Deus, o Espírito Vivo, só pode ser presenteado com seu amor, respeito, reconhecimento, honra, lealdade e devoção. Como já expliquei anteriormente, nome significa natureza, índole. A natureza de Deus é atender suas preces, seu clamor. Está na Bíblia: "Antes de chamares, Eu responderei; enquanto falas, Eu ouvirei." Isso, portanto, significa que a solução para qualquer tipo de problema que possa existir neste mundo já se encontra em seu interior. A telepatia, a clarividência e todas as outras faculdades extrassensoriais estão dentro de você, prontas a serem aprendidas de dentro para fora.

Você pode mudar sua mente, seu corpo e tudo o que quiser. Pode mudar seus pensamentos e manter esse novo modo de pensar. Tudo o que qualquer ser humano possa desejar já se encontra na Divina Presença. Deus vive e se movimenta dentro de você. Deus é Espírito e os que O adoram, adoram em Espírito e verdade. O simples fato de você ser capaz de desejar algo é a prova da Presença de Deus em seu interior, pois Ele lhe concede essa possibilidade de pedir-Lhe o que precisa para atender às suas necessidades. O Eterno sabe antecipadamente o que você deseja e a necessidade já foi satisfeita, a dádiva já foi dada e você é o receptor. Tudo o que você pediu ou vai pedir já está pronto na mente, basta você trazê-los para o mundo exterior.

A riqueza e prosperidade estão aqui, agora; a saúde e a paz já estão aqui, agora. A Presença Curadora habita o seu ser e o amor está aqui, agora; a alegria está aqui, agora; o poder está aqui, agora. Quanto tempo você pretende esperar para o poder do Eterno fluir pelo seu corpo e sua alma? Esperar para quê? Diga neste instante: "O poder do Pai Eterno está fluindo por mim agora." Por que reclamar de falta de paz de espírito? Quanto tempo pretende esperar por ela? Ora, o Deus da paz já está dentro de você e a paz envolve todo o seu ser. A dádiva está lá. Deus é o doador e a dádiva. Aceite a paz e a tranquilidade agora mesmo, aceite a inspiração, a orientação e o sucesso agora mesmo.

Você precisa abrir os olhos e o seu coração para receber. Pense. Se estiver carregando pacotes nas duas mãos, terá de largar um deles para pegar outro, não é? Você precisa se libertar das falsas crenças e aceitar a grande verdade — tudo o que existe já está realizado na mente e se concretizará no mundo exterior se a mente se abrir para recebê-lo. Ensine sua mente a aceitar a dádiva. Sempre haverá uma resposta.

Você já deve ter vivenciado uma situação em que tentava, em vão, solucionar um problema. "Queimou os miolos", como se diz, procurou em livros, conversou com especialistas, ficou lutando com o problema dia após dia até desistir dele, exausto. Entretanto, ao agir dessa forma, mandou o problema para a mente mais profunda. Algum tempo depois, a resposta veio com muita nitidez, em um sonho, uma visão no meio da noite ou como algo que subiu à sua mente racional como as bolhas de um refrigerante que sobem à superfície do líquido. Se fizer uma análise criteriosa de situações similares do passado, constatará que já teve muitas respostas desse tipo.

Se quisesse ter uma solução mais rápida, você poderia ter declarado: "Aquele que existe dentro de mim sabe a resposta", e pagando com devoção, lealdade e reconhecimento da presença do Todo-Poderoso, em pouco tempo estaria com o problema solucionado.

Einstein adorava matemática e ela lhe revelava seus segredos. Era fascinado com o funcionamento do Universo e estudava profundamente as leis da mecânica celeste. Um certo dia, a teoria do campo unificado surgiu em sua mente racional como um estalo. O cientista dedicou toda sua atenção, engenhosidade e devoção ao estudo do tempo, espaço e quarta dimensão e seu subconsciente respondeu revelando-lhe os segredos desses temas.

Thomas Edison fez muitos estudos e experiências sobre a eletricidade e explicou o seu princípio. Ele sentia um enorme desejo de trazer algo de bom para a humanidade, de iluminar o mundo, e a eletricidade entregou-lhe seus segredos. O preço foi pago com perseverança, tenacidade e com a plena confiança que um dia veria seu desejo realizado. A dedicação ao projeto, a obstinação e a fé em uma inteligência subjetiva fizeram com que a sua mente mais profunda jamais lhe faltasse.

Tenho outro exemplo de como a fé em uma ideia fez um homem ganhar milhões e ajudar outros a aumentar sua riqueza. Sir John Templeton é um senhor que sempre teve fé no seu talento para fazer investimentos sólidos e lucrativos. Aos 90 anos, ainda estava empregando sua fortuna na procura de um sinergismo entre ciência e fé.

Sir John tornou-se cidadão britânico em 1963, quando escolheu viver nas Bahamas, uma então colônia inglesa. A rainha Elizabeth o agraciou com o título de cavaleiro do reino pelas suas obras financeiras e filantrópicas. Quando perguntado sobre o seu sucesso, ele respondeu: "Uso apenas o bom senso, quer esteja investindo o dinheiro dos outros ou tentando compreender os princípios espirituais do Universo."

Templeton acreditava que Deus fez o mundo para funcionar dentro de leis morais básicas que, se fossem respeitadas, trariam integridade espiritual e sucesso material. Em sua opinião, a espiritualidade era uma ciência que deveria ser estudada como a física ou a mecânica, e ele fez uma grande doação à Universidade Harvard para efetuar pesquisas sobre o efeito curador da prece.

Ele sempre criticou os cientistas e os líderes religiosos que se prendem a ideias tradicionais e às escrituras numa suposta busca pela verdade, ignorando os avanços da ciência. Achava que a teologia não podia ficar estagnada e devia se manter em constante progresso, e afirmou: "Admiro todas as religiões, mas nenhum ser humano conhece um por cento que seja da totalidade de Deus."

Sua busca por respostas espirituais não foi um hobby da velhice. Quando era moço, pensou em ser missionário, mas quando cursava o segundo grau percebeu que possuía um talento especial, que era melhor do que a maioria das pessoas para escolher negócios nos quais seria aconselhável investir dinheiro. Na época, contou ele, "me parecia que a maioria das pessoas estava fazendo investimentos com base na emoção e ignorância, e não no bom senso".

Na década de 1940, Sir John criou um fundo de investimento para administrar o dinheiro de outras pessoas, um conceito relativamente novo na época, e lapidou essa ideia até ela se tornar uma das formas mais importantes de aumentar poupanças e rendimentos no mundo de hoje. Recordando-se da primeira reunião anual do Templeton Growth Fund, ele contou: "Éramos eu, um funcionário que trabalhava meio período e um acionista. Como medida de economia, a reunião foi feita na sala de jantar de um executivo aposentado da General Foods."

A companhia Templeton possui mais de seiscentos funcionários espalhados pelo mundo e um patrimônio de US$ 36 bilhões. Calcula-se que a quantia que os estadunidenses atualmente põem em fundos de investimento é mil vezes maior do que no ano em que Sir John começou. Um investimento de US$ 10 mil feito no Templeton Growth na década de 1940 vale, hoje, muitos milhões. Em 1992, quando Sir John resolveu se aposentar e vendeu o fundo de investimentos da Templeton Group pelo valor estimado de US$ 400 milhões, ele já ajudara mais de um milhão de pessoas a ganhar dinheiro.

Durante os anos em que esteve envolvido na ampliação dos seus negócios, Sir John jamais se esqueceu de sua espiritualidade e procurou cientistas e teólogos dispostos a estudar as relações entre ciência e religião. Em 1972, criou o Prêmio Templeton pelo Progresso da Religião para ser concedido anualmente a indivíduos que fizeram da religião uma "força moral ativa". O ganhador recebe mais de US$ 1 milhão.

Templeton sempre fez questão de o prêmio ser maior do que o Nobel para deixar bem explícito que a religião é tão importante como as artes e as ciências. Na cerimônia da instituição do prêmio, falou: "As maiores realidades do Universo são espirituais, mas as pessoas estão tão imersas no ambiente material e imediato que não percebem a existência de uma dimensão muito mais vasta e poderosa."

A intenção da premiação é chamar a atenção do público para os novos avanços no conhecimento de Deus e compreensão do significado e propósito da vida. Madre Teresa de Calcutá e o evangelizador Billy Graham estiveram entre os premiados.

— Algumas das percepções mais criativas e estimulantes de nossa época estão na área espiritual — disse Sir John —, por isso, acho ilógico as descobertas da ciência e da tecnologia serem exaltadas enquanto as descobertas do espírito passam quase ignoradas.

Em seu livro, *The Humble Approach*, ele escreveu:

"A chave para o progresso, tanto na religião como na ciência, é a *humildade*. Ela abre os portões do conhecimento. Para aprendermos mais, precisamos antes de tudo nos conscientizar do tão pouco que conhecemos... Quanto mais sabemos, mais sabemos que não sabemos. Essa certeza é o que dá tempero à vida..."

Em um artigo escrito para o lançamento do primeiro número da revista *Positive Living*, Templeton salientou a importância da prece em sua vida.

"Por trinta anos, todas as reuniões da Templeton Growth Fund, Ltda. foram abertas com uma prece e durante esse período os lucros dos nossos investidores jamais foram igualados por qualquer outra companhia."

Mais adiante, ele discorda daqueles que argumentam que ele teria feito o mesmo sucesso se não orasse: "Minha vida de oração me deu a iluminação de espírito e uma intuição profunda que foram fatores decisivos no meu êxito. Meus colegas e eu jamais oramos pelo aumento do valor de uma ação, porque isso simplesmente não faria efeito. Apenas rezamos pedindo a Deus para tomarmos as decisões corretas."

Templeton acrescentou: "Se você tentar entrar em harmonia com Deus através da oração, a probabilidade de um empreendimento qualquer dar certo é muito maior, mesmo que se trate de fazer uma simples seleção de ações. Minha técnica pessoal nesse caso é dizer apenas: "Seja feita vossa vontade." Essa prece me ajuda a limpar a mente de todos os preconceitos e me abre de maneira mais completa à orientação de Deus."

E mais: "Se você está sinceramente procurando ajudar o seu próximo, não tem como evitar que a recompensa venha em termos de amizade, afeto, estima e respeito. Não se consegue a felicidade correndo atrás dela ou procurando-a em algum lugar. Ela vem para os que tentam dar felicidade aos outros."

Entre todas as emoções negativas, as piores são a autocrítica e autocondenação, porque geram um veneno psíquico que circula pelo nosso organismo, roubando sua vitalidade, força e equilíbrio, resultando numa debilidade generalizada. O amor e o respeito por si próprio trazem saúde, harmonia, paz e abundância.

Sugeri a um músico que fizesse a seguinte oração para se destacar no seu campo de atividade:

> Deus é o grande músico. Sou um instrumento e um canal para o divino. A Presença de Deus flui através de mim como harmonia, beleza, alegria e paz. A Infinita Presença e o Infinito Poder usam meu talento para trazer ao mundo a melodia do Eterno. Sou inspirado pelo Altíssimo e cadências majestosas afloram em minha mente revelando a eterna harmonia de Deus.

Em poucos anos ele se tornou extraordinariamente bem-sucedido, porque pagou suas bênçãos com dedicação, reverência e devoção ao Ser Eterno. O sucesso não é pago com trabalho árduo e noites maldormidas, mas com a construção da ideia de riqueza na mente. Você pode trabalhar 15 horas por dia, mas se sua mente não for produtiva, todo o seu esforço será em vão. Sua mente é produtiva? Sabedoria é a consciência da Presença de Deus em você, a compreensão é a aplicação dessa inteligência e sabedoria para resolver seus problemas cotidianos. O reino de Deus está no seu interior, portanto, o reino da inteligência, sabedoria, poder e beleza vive no mesmo lugar onde você está.

É inútil trabalhar dias e noites seguidas, suar a camisa, como se diz, se sua mente não abriga cordialidade, bondade e boa vontade para com o seu próximo. Você pode dedicar todos os seus esforços para dominar um determinado assunto, como engenharia, ciência, arte ou administração de empresas, mas se não age com cordialidade, gentileza e boa vontade, estará sempre propenso a tropeçar e cair.

A sabedoria ilimitada, o inesgotável poder do Infinito, estão alojados em sua mente mais profunda. Todas as maravilhosas ideias de Deus estão à sua disposição e você só precisa se sintonizar com o Espírito Glorioso, devotando-Lhe toda sua lealdade, respeito e dedicação.

Richard D., membro da minha congregação, sofreu uma grande perda financeira e começou a orar pedindo à Inteligência Criativa uma orientação e a revelação de como deveria agir para refazer sua vida. Logo depois, sentiu um forte impulso de se dirigir ao deserto. Enquanto caminhava pela região, pensativo, teve uma ideia. Procurou um velho amigo, dono de uma importante companhia imobiliária em Los Angeles, e lhe falou sobre a tremenda potencialidade que acreditava haver na região mais desértica do estado. Imaginava pessoas saindo de Los Angeles e do leste do país à procura de um lugar tranquilo para morar, e em sua mente via a construção de residências, lojas, escolas, clubes e hospitais no que agora era uma área abandonada. O amigo entusiasmou-se com sua ideia e contratou-o como corretor para dar início ao empreendimento. Seu êxito levou-o a se tornar sócio da companhia e atualmente ele tem um patrimônio de milhares de dólares.

A faculdade da intuição está dentro de você. Richard foi orientado, ensinado de dentro para fora, para fazer o que seria melhor para ele. Ele pagou o preço com o reconhecimento do Poder Maior e a obediência em seguir o impulso. O simples fato de você desejar uma resposta significa que ela já está pronta em seu mundo mental e espiritual. Uma ação começa com um princípio, um modelo, um arquétipo existente no mundo invisível porque tudo sai dele. Nós mesmos saímos do invisível, tudo o que existe saiu do invisível.

AUMENTE O PODER DO SEU SUBCONSCIENTE PARA TRAZER RIQUEZA E SUCESSO

Como já disse tantas vezes, Deus é o doador e a dádiva. Devemos nos alegrar com a dádiva, dar graças por ela. Muitas pessoas são maus receptores e dizem algo como: "Eu não fui feito para ser rico. Coisas boas só acontecem para quem é bem-nascido." Ou instruído, ou talentoso etc. Nada mais errado. Deus está dentro de você e de todos os outros seres humanos. O Sol não brilha apenas para algumas pessoas, a chuva não escolhe onde cair. Você e qualquer outro ser humano podem ter uma ideia criativa, que gerará uma fortuna!

Quer você seja médico, empresário, químico, vendedor, digitador ou faxineiro, diga:

> O Espírito Infinito dentro de mim me revela novas e melhores maneiras de servir a humanidade. As ideias criativas de Deus evoluem dentro de minha mente, e eu serei guiado para encontrar a profissão perfeita para mim. Minha realização pessoal será ótima para mim e para o meu próximo.

Agindo assim, você terá ideias novas e criativas, e colherá os frutos da sua prece. Todavia, lembre-se sempre de que para acontecerem maravilhas em sua vida é preciso primeiro reconhecer a presença de Deus em seu interior. Você deve orar com a fé que vem do coração e não se restringir a recitar palavras difíceis e empoladas.

Há alguns anos, tive a oportunidade de me hospedar no Jasper Park Lodge em Alberta, no Canadá, um resort maravilhoso. Os funcionários são formados em universidades ou colégios técnicos do Canadá independentemente do cargo. Uma das garçonetes veio conversar comigo e me revelou que estava diante de um problema muito sério relacionado à sua vida profissional.

Eu a instruí sobre a Presença Divina e sugeri que à noite, antes de pegar no sono, ela deveria entregar o problema para sua mente mais profunda:

> Você precisa reconhecer que só Deus sabe a resposta. Procure Sua orientação com fé e amor, e Ele lhe dará a solução. Esse é o preço que você tem de pagar antes de receber a resposta. O preço é a fé e aceitação da Presença Divina dentro de você. Quando abrimos uma torneira, esperamos ver a água correndo. Pagamos o preço mediante a crença de que a água virá. A jovem conversou com sua mente mais profunda usando basicamente as seguintes palavras: "Deus, me revele a resposta. Sei que a solução já está pronta dentro de mim."

No dia seguinte a moça recebeu um telegrama de Ontário, dando-lhe uma informação que resolveu o seu problema. Para isso, teve de pagar o preço acreditando que a solução já existia em seu interior, dando toda sua atenção à mente mais profunda.

Para obter respostas, você tem de se convencer que a Presença de Deus controla ininterruptamente todo o Universo, guia os planetas em suas órbitas e faz o Sol brilhar. Ela também rege o funcionamento do seu organismo e cuida de você 24 horas por dia. Por que não procurar seu auxílio? Comece agora mesmo. Peça a Deus, e Ele o atenderá. Se não recorrer a Ele, se não aceitar Sua presença, se não acreditar Nele, nada acontecerá, porque é como se Ele não estivesse lá. Não esqueça que a Presença de Deus não fará nada se não puder agir por intermédio de você — por meio do seu pensamento e de suas visualizações, das suas crenças e convicções.

Barry P., um jovem médico que estava trabalhando como interno em um hospital, sempre quisera ser cirurgião, mas enfrentava um grande problema. Era muito ansioso e suas mãos tremiam em momentos de tensão. Ele decidiu pôr um fim a essa situação. Para controlar suas mãos, começou a carregar um copo cheio de água enquanto subia e descia por uma escada durante meia hora, todos os dias. À medida que as semanas foram se passando ele derrubava cada vez menos água. Passaram-se seis meses desse treinamento antes de suas mãos ficarem firmes em qualquer ocasião. Barry tornou-se um famoso cirurgião, mas primeiro teve de pagar um preço por isso: atenção, dedicação e perseverança no exercício.

Como você teria agido depois de algum tempo? Diria algo como: "Já cansei dessa coisa" e se esqueceria de se exercitar? Barry não desanimou, queria ser cirurgião e se dispôs a pagar um preço por isso. Ninguém aceita a ideia de um médico de mãos trêmulas fazendo uma operação, esperamos sempre nos deparar com um cirurgião equilibrado, tranquilo e habilitado e com sólido conhecimento na sua área. Pois bem, Barry tornou-se um oftalmologista extremamente habilidoso, e hoje, em dois ou três minutos, prende uma retina descolada com raio laser ou extrai uma catarata. Ele pagou e continua pagando o preço porque dá toda a sua atenção a novas pesquisas e tecnologias, e jamais deixou de estudar. Atualmente é chamado para fazer cirurgias complicadas na Arábia, Inglaterra, Irlanda e muitos outros países, e não precisa orar pedindo riqueza, porque ela flui para ele como prêmio por sua sabedoria e destreza.

Um mecânico de automóveis também pode se destacar na sua profissão pelo seu conhecimento do assunto e habilidade manual, pela capacidade de examinar um motor e logo perceber o defeito que está prejudicando seu funcionamento. Ele adquiriu sabedoria e perícia na sua profissão porque deu atenção ao estudo da mecânica, porque se empenhou em aprender a lidar com as ferramentas e a se manter a par das novidades introduzidas nos veículos novos que estão constantemente sendo lançados no mercado.

O Princípio de Vida Universal fala por intermédio de você inspirando um desejo, um desejo de ser melhor do que é agora. Você deseja saúde, amor, harmonia, paz, prosperidade, abundância e segurança. Quem não tem desejos como esses não é normal. Todavia, o desejo máximo de qualquer ser humano, consciente ou inconsciente, é sentir-se uno com Deus. Muitos santos, yogues, místicos e homens sábios conseguiram esse feito pagando o preço da devoção e da perseverança. O Princípio Vital lhe revelará o modo como deverá proceder para que seus desejos sejam concretizados. Para isso, basta abrir sua mente e seu coração para aceitar com regozijo a dádiva que vem do Eterno.

Jogue para longe de sua mente todos os preconceitos, falsas crenças e superstições e aceite que antes de você chamar, Deus lhe responderá. Ele o ouvirá enquanto você está falando. Para isso, terá de ordenar sua mente e seus pensamentos para que se adaptem à verdade milenar — o que você está buscando já existe na Mente Infinita. Tudo o que você precisa fazer é identificar-se mental e emocionalmente com seu desejo, ideia, plano ou propósito, conscientizando-se de que é tão real como sua mão ou seu braço.

Imagine que você inventou um novo aparelho em sua mente, mas ainda não o colocou no papel, não descreveu seu funcionamento em palavras ou diagramas. Se for procurar um alguém que preveja o futuro, um médium ou sensitivo competente, ele será capaz de descrevê-lo. Por quê? Porque o aparelho já está pronto em sua mente e, por telepatia, pela ligação mental que se estabeleceu entre vocês o sensitivo captou sua existência. Essa é a verdadeira realidade. Quem caminha pela Terra com a certeza de que suas preces serão respondidas, terá a alegria de vivenciar a concretização dos seus desejos.

A invenção, no que diz respeito ao inventor, é tão real como sua contraparte objetiva. Um desejo, um novo projeto, um livro, uma peça teatral — onde estão antes de ser transformados em realidade? Na mente. Eles têm forma e substância em outra dimensão.

Assisti a uma jovem dançar em um show realizado no Jasper Park Lodge e era fácil notar a sabedoria, inteligência, ordem e ritmo do Espírito fluindo pelo seu corpo. Ela foi aplaudida com entusiasmo depois da apresentação e mereceu todos os elogios por um trabalho bem feito. Isso é sabedoria, porque vemos beleza, ordem, simetria, proporção e graça no conjunto dos movimentos. Quando fui conversar com a jovem, ela me disse, usando seus próprios termos, que dançava para Deus. Explicou também que sua professora sempre lhe dizia para orar a Deus, para ser capaz de reproduzir em seus gestos a beleza, ordem e proporção divinas.

Henry Hamblin, editor da revista britânica *Science of Thought Review*, passava por uma má fase em termos financeiros. Um dia, enquanto caminhava para sua casa sob a neve, atormentado e deprimido devido aos seus problemas, teve a inspiração de que a riqueza, o amor e a bondade de Deus eram como os bilhões de flocos de neve que caíam sobre Londres. Ele contou: "Naquele mesmo instante abri minha mente e meu coração para as infinitas riquezas de Deus, sabendo que amor, abundância e inspiração viriam a mim na mesma quantidade incalculável dos suaves flocos que caíam sobre Londres."

A partir daquele momento, a riqueza passou a fluir para ele livre e interminavelmente. Nunca mais precisou se preocupar com problemas financeiros. Hamblin mudou sua mente e recebeu a recompensa. Entretanto, a cidade de Londres, o inverno, a neblina, a neve e tudo o que constituía seu ambiente continuavam os mesmos. O escritório não havia mudado, os funcionários também não. Ele se modificara internamente e tornou-se um instrumento para criar as riquezas da vida.

Não existe a possibilidade de ganhar sem dar algo em troca. E a principal moeda é a atenção. Prestar atenção à música ou eletricidade, ao seu negócio ou seu emprego, a qualquer coisa, resulta na revelação dos segredos dessas matérias. Para quem tem fome e sede de conhecimento, todos os significados lhe serão dados, quer vindos de dentro ou por meio de um mestre. Que diferença faz? A sabedoria está dentro de seu ser e ela lhe será transmitida quando você se conscientizar que o Infinito habita seu interior.

A sabedoria é a principal dádiva, é a Presença e o Poder de Deus funcionando dentro do seu ser. Reconheça Deus no seu interior e Ele aplainará seus caminhos. Confie Nele, acredite Nele e Ele concretizará seus sonhos.

Encontrei um interessante artigo em um jornal diário contando a vida de Maude Towle, que está em plena atividade apesar de ter completado 103 anos. Farei um resumo dessa publicação:

Ela me espia por trás de óculos de fundo de garrafa, caminhando em passinhos lentos na direção do amor da sua vida. Para a maioria das pessoas idosas, o amor da vida seria um filho, neto ou bisneto, mas para ela a coisa mais importante é seu automóvel, um carrinho movido à eletricidade. Embora tenham se passado 38 anos desde a data em que Maude, de acordo com as leis trabalhistas, teria o direito de se aposentar, ela continua em atividade e há pouco se submeteu aos exames para renovar sua carteira de motorista. Maude Towle figura entre os dez motoristas mais idosos do estado da Califórnia.

Tão saudável e conservada aos 103 anos que dá a impressão de ter 65, ela trabalha numa imobiliária sete dias por semana e cuida da contabilidade no departamento de hipotecas. Extraordinário, não é? "Eu jamais pedirei a aposentadoria", afirma, "se parasse de trabalhar iria morrer de fome. Com a miséria que a Previdência paga para os velhos, não sei como viveria. Assim, não preciso pedir favores a ninguém. Tenho minha própria casa e posso fazer tudo o que quero." A Sra. Towle mora em um prédio de apartamentos em Inglewood. Sua melhor amiga, Ida Gleason, que tem apenas 93 anos, mora no mesmo edifício. Elas percorrem diariamente as ruas movimentadas de Inglewood dirigindo-se para o supermercado, o banco ou o parque, onde adoram passar algumas horas jogando cartas sob a sombra de uma árvore frondosa.

Maude Towle só começou a dirigir depois da morte do marido. Ela tem paixão pelo seu automóvel, um lustroso carro elétrico marrom e branco, com lugar para duas pessoas. Ele não faz mais do que quarenta quilômetros por hora, mas quem o vê andando pela rua imagina que anda mais rápido do que isso. A Sra. Towle o guarda sob uma capa impermeável para proteger a pintura e toma muito cuidado ao abrir e fechar as portas para conservá-las como novas. Depois de preparar o amigo do seu coração para sair, ela e a alegre Sra. Gleason se acomodam nos assentos e com o zumbido suave do motor elétrico, lá vão as duas, prontas para mais um dia de intensas atividades.

Interessante, não? Essa senhora ama a vida e paga o preço necessário. Dá atenção à vida, está interessada nela. Não quer depender de ninguém e gosta de ser útil, de fazer o seu trabalho com alegria e disposição. Serenidade, tranquilidade, bom humor e boas risadas — isso é o que nos mantêm jovens de coração.

Paciência, amor, alegria, harmonia, bom humor, boa vontade, bondade e gentileza jamais envelhecem, são eternos. O Princípio Vital também não envelhece porque é eterno, não nasceu e nunca morrerá.

Envelhecemos quando nos tornamos amargos e rancorosos, quando não disfarçamos uma falta de boa vontade com os outros, quando só pensamos no mal que aconteceu no passado. Essas emoções e pensamentos corroem a alma e nos fazem parecer envelhecidos, não importa qual seja a nossa idade.

Darei mais um exemplo de uma pessoa que se dispôs a pagar o preço. James Watt, o inventor da máquina a vapor, que trouxe um enorme progresso para a vida da humanidade, sempre afirmou que tivera uma visão sobre ela. "A máquina veio a mim praticamente pronta. Eu não a criei, apenas a aceitei", dizia. Watt nasceu na Escócia, em 1736, e teve pouca educação formal, mas, como era muito habilidoso, trabalhava no conserto de aparelhos mecânicos.

"Um dia, em 1764, um cliente veio à minha oficina trazendo uma máquina que tinha apresentado defeito. Esse acontecimento mudou dramaticamente a minha vida. Era uma máquina a vapor da marca Newcommon, muito primitiva, que às vezes era usada nas minas de carvão para bombear água para fora dos túneis. Tinha uma baixa eficiência e gastava uma quantidade excessiva de lenha para funcionar."

Enquanto Watt consertava a geringonça, concebeu a ideia de uma máquina a vapor que não apresentaria nenhum dos problemas encontrados na Newcommon. Entretanto, Watt não possuía a instrução necessária para transformar sua ideia em realidade. Em um domingo de maio de 1766, ele caminhava num parque de Glasgow pensando como seria possível construir aquela máquina. Ele contou:

"Tive uma visão e nela vi a máquina a vapor com todos os seus detalhes. Pouco depois eu já tinha tudo arranjado em minha mente."

Na manhã seguinte ele chegou bem cedo à sua oficina e em menos de 12 horas construiu a extraordinária máquina que domesticou o poder do vapor. Watt patenteou a invenção em 1781 e entrou com um pedido de patentes adicionais em 1782. Desde essa época até nossos dias houve pouquíssimas modificações no seu funcionamento.

Pouco tempo depois o invento de Watts estava ganhando lugar nas fábricas, substituindo homens e animais e desencadeando a Revolução Industrial. Por isso é que sempre repito que é possível termos uma ideia que valerá uma fortuna, que dará emprego para milhares de pessoas. James Watt pagou o preço com a moeda da atenção, interesse e dedicação, quando percebeu que poderia trazer uma máquina que beneficiaria toda a humanidade.

Há certas qualidades que contribuem para o sucesso profissional na vida. Posso citar, por exemplo, o nascimento em uma família de posses, em um país ou classe favorável, ou vir ao mundo com talentos físicos ou mentais, algo fora do nosso controle. Mas, as que realmente importam são as que podemos modificar e, entre elas, nenhuma é tão crucial como a qualidade da persistência. Procure uma biblioteca e pegue uma biografia de qualquer homem ou mulher que foi capaz de fazer uma contribuição duradoura para o progresso da humanidade. Alguns eram brilhantes, outros mostravam uma persistência incomum. Examinemos o caso de Albert Einstein. Na escola primária, Einstein era um aluno tão medíocre que quando seu pai perguntou ao diretor qual seria a profissão que ele deveria escolher, o homem respondeu: "Não é preciso se preocupar com isso, porque o menino nunca será bem-sucedido em qualquer profissão." Einstein tornou-se um dos maiores cientistas e intelectuais do século XX, e talvez o maior físico de todas as épocas, mais em função da sua persistência e determinação do que por ter algo de genial.

Posso citar muitos casos similares. Winston Churchill também foi um aluno medíocre e sua carreira no serviço público pode ser considerada monótona. Até o início da Segunda Grande Guerra, ele fracassara em realizar todas as suas metas e ideais. Mas, mantendo-se ativo e alerta, ele estava preparado para a rara oportunidade de liderança que lhe surgiu aos 66 anos. Em 1941, numa idade em que a maioria dos homens está pensando em aposentadoria, Churchill tornou-se primeiro-ministro e levantou o espírito dos seus compatriotas e de todo o mundo ocidental.

Desempenhou seu cargo com a tenacidade de um buldogue e acabou sendo considerado o maior líder político do século XX.

Ele pagou o preço. Dedicou toda sua atenção, devoção, lealdade, persistência ao desejo de vitória e sentia que havia um Poder Maior que o ajudaria a salvar a Grã-Bretanha.

A história do maior estadista estadunidense não é uma cadeia ininterrupta de sucessos, mas nos oferece um exemplo de persistência incomum. Ele faliu nos negócios aos 21 anos, foi derrotado na eleição para a Assembleia estadual em 1833, mas tentou novamente e conseguiu ser eleito em 1835. Sua namorada morreu no mesmo ano e ele teve um colapso nervoso que durou até 1836. Depois de sofrer uma série de derrotas políticas, conseguiu ser eleito para o Congresso em 1846, mas fracassou ao tentar um segundo mandato. Seguiram-se novas derrotas políticas, até que, em 1860, foi eleito presidente dos Estados Unidos. Esses são apenas alguns percalços da vida de Abraham Lincoln.

Franklin Delano Roosevelt, presidente que governou os Estados Unidos por mais tempo do que todos os outros, ficou com uma grave deficiência física em função da poliomielite e cumpriu seus mandatos confinado a uma cadeira de rodas, enfrentando as dificuldades resultantes de épocas de grande depressão econômica e devastadora guerra mundial. Um dos grandes talentos de Roosevelt era a capacidade de se comunicar com o público e ele colocou-o em prática usando o rádio, que na época lhe dava acesso direto a toda a população estadunidense. Essas transmissões eram chamadas de "Conversa ao pé do fogo" e pareciam ser feitas de improviso, como se o presidente estivesse conversando com o cidadão diante da lareira da Casa Branca. Entretanto, em um museu de Nova York há uma vitrine com oito rascunhos de um dos famosos discursos do presidente. Ele trabalhava com dedicação e afinco até chegar à declaração que considerava a mais adequada para fazer ao público.

Qualquer ouvinte de rádio acreditaria que Roosevelt falava de improviso, mas a história era bem diferente. Ele passava horas e até dias recolhendo os dados e informações vindas de um grande número de assessores e especialistas, e depois escrevia e depurava o texto até lhe dar um tom informal. Isso é dedicação e perfeccionismo.

Churchill inflamava os britânicos com seus discursos e todos pareciam ser feitos de improviso. Seus biógrafos, porém, contam que ele passou a maior parte de sua vida como primeiro-ministro burilando seus discursos para conseguir o melhor resultado. Passava horas a fio andando de um lado para o outro, conversando consigo mesmo, pagando o preço da perfeição.

Sim, persevere! Nada no mundo é capaz de substituir a persistência. Existem muitas pessoas talentosas que nunca conseguiram fazer sucesso. Muitos gênios também não receberam o reconhecimento que merecem. A instrução sozinha não leva ninguém ao sucesso. Somente a persistência e a determinação são onipotentes.

A atenção é a chave do sucesso. Ela vem da conscientização espiritual de que a Presença de Deus deve vir em primeiro lugar na sua vida, do reconhecimento de que Deus é o Único Poder, Causa e Substância. Devote-se totalmente a Ele, faça uma aliança com Ele, conscientize-se de uma vez por todas que Ele é seu guia, conselheiro, orientador, ajustador, pagador, a fonte de todas as bênçãos. Não existe outro poder. Pense nas maravilhas que aconteceriam na sua vida se você devotasse atenção, dedicação e lealdade a essa grande verdade. Entretanto, enquanto você dá poder a paus e pedras, a coisas criadas, a homens e mulheres, ao clima, à areia, aos ácaros... veja quantos deuses cria em sua vida. Uma condição não cria outra condição, uma circunstância não cria outra e aceitar essa hipótese significa que você não está disposto a pagar o preço. A conscientização da Presença Divina é a grande iluminação, a palavra final. Quando você despertar para esse fato, se tornará um verdadeiro estudante da Verdade.

Seja honesto consigo mesmo e responda: "Eu realmente acredito de todo o coração que existe uma Única Presença dentro de mim? Ou concedo poder ao mundo objetivo, às estrelas, ao Sol e à Lua, ao clima, karma, vidas passadas, feitiços, entidades malignas ou ao diabo?"

Essas coisas não existem, e ponto final. Não há lugar para demônios, só existe EU SOU e nada mais. Uma vez perguntaram a Thomas Troward o que faria se todos os feiticeiros estivessem trabalhando contra ele, fazendo a oração da morte, derramando maldições sobre sua vida, e sua resposta foi curta e grossa: "Pura besteira."

Por que ele agiu assim? Porque sabia onde estava o poder e, na sua crença, não se encontrava nessas criaturas sinistras. A sugestão só se transforma em um poder se você a aceitar, mas *não é O poder.*

"Sou um Deus ciumento", disse o Senhor. Nesse sentido, ciumento significa que não devemos ter outros deuses, porque no instante em que concedermos poder a qualquer outra coisa criada, a mente se divide e cria a instabilidade. É o que acontecia com a mulher que tinha um problema de pele e culpava o clima, o Sol, os genes e cromossomos, mas a causa da doença estava dentro dela. Quando aceitou essa verdade e se dispôs a pagar o preço, conseguiu ser curada.

Li um artigo sobre um médico que fora curado de uma terrível doença e farei um resumo do relato: o Dr. Phil Miles encarava as curas milagrosas com grande ceticismo, mas quando uma estranha enfermidade atacou seu organismo, paralisando e entortando seus membros, foi a fé, não a medicina moderna, que o curou. "Foi um milagre", declarou o jovem médico de El Paso, no Texas, com alegria no olhar. "Ganhei uma nova vida. Sou a prova viva de que existe uma força curadora mais poderosa do que todo o conhecimento e tecnologia do mundo." Durante sete anos, o Dr. Miles sofreu por causa da doença que fazia seus braços e pernas terem espasmos dolorosos e se retorcerem em posições rígidas. O médico, que fazia parte do corpo clínico do famoso Walter Reed Medical Center, consultara os melhores neurologistas do país, mas nenhum deles conseguira nem mesmo diagnosticar o mal. Finalmente, vendo-se preso ao leito e piorando a cada dia, o Dr. Miles agarrou-se à única esperança que lhe restava: a fé em Deus. Pediu a um vizinho e amigo para vir ajudá-lo a orar pela cura. O jovem médico jamais se esquecerá desse dia."

O artigo reproduz o relato do Dr. Miles: "Eu chorava e soluçava enquanto orava. Assim que as palavras finais saíram de minha boca, para meu total espanto, minhas mãos, que estavam fechadas, crispadas como garras há dois dias, de repente começaram a abrir-se. Um segundo depois os músculos enrijecidos dos meus pés se relaxaram vagarosamente. Percebi que estava testemunhando o poder do sobrenatural."

Dois dias depois ele estava em pé, completamente curado, e hoje, anos depois, o Dr. Miles continua saudável e trabalha como especialista em ginecologia e obstetrícia no William Beaumont Army Medical Center. "Fui examinado por alguns dos melhores neurologistas do país e nenhum deles me deu um diagnóstico definitivo, mas em meu coração eu sabia que tinha uma forma de esclerose múltipla."

Esse é um homem que pagou o preço. Tentou de tudo, mas terminou se rendendo à Presença Divina dentro dele, que o criou, e tudo sabe. Depôs toda sua atenção em Deus e, para fazer uma prece fervorosa, para não vacilar, pediu ajuda a um amigo. Chorou durante a oração, o que significa humildade, a completa rendição. "Estou me entregando totalmente ao Eu Sou, que tudo vê e tudo sabe."

Você talvez dirá: "Acho que eu não receberia um milagre." Por quê? A força de Deus aumenta e diminui ao acaso? Depende da pessoa que pede? É óbvio que não. Ela está à disposição de todos nós para fazer maravilhas, mas precisamos pagar o preço, que é atenção, reconhecimento, aceitação e convicção. Você pode pagar esse preço. Deus sempre responde e um filho nunca é mais amado do que o outro.

Pensemos nessas grandes verdades. Deus atenderá a todas as nossas necessidades de acordo com suas riquezas e glórias. Ele será nossa força na quietude e confiança. Com Deus tudo é possível. Medite sobre as milenares verdades compiladas na Bíblia:

Antes de clamarem, Eu responderei; enquanto falam, Eu ouvirei.
Seja-te feito conforme sua fé. Tudo é possível para aquele que crê.
Feliz o que se coloca sob a proteção do Altíssimo e vive à sombra

do Todo-Poderoso. Entrega o teu destino aos Seus cuidados e conta com o Senhor. Deus é meu refúgio e fortaleza. O Senhor é minha vida e minha salvação, a quem temerei? Clamei ao Senhor na minha angústia e Ele me atendeu e aliviou.

Resumo do capítulo

- Nada é de graça. Se você quer ser rico, tem de pagar o preço da riqueza. Se quer ser bem-sucedido, saiba que o sucesso tem preço. Seja qual for o seu desejo, para vê-lo realizado você tem de lhe dedicar sua atenção, devoção e lealdade. A resposta virá. O preço é o reconhecimento do Poder Interior, a fé, a convicção.

- Dedique toda sua atenção e lealdade a um determinado assunto e ele lhe revelará seus segredos. Se você quiser ser um químico, físico ou matemático, terá de estudar profundamente a matéria. Para melhorar seus negócios, seu emprego, sua indústria, será preciso perseverar nas suas afirmações para impressionar o subconsciente.

- Antes de receber a riqueza, você precisa gravar em seu subconsciente a ideia de riqueza. Tudo o que é impresso na mente mais profunda é expresso na tela do espaço. Não existe outro meio para obter riqueza além da conscientização. Você tem de construir o equivalente mental no seu subconsciente para obter qualquer coisa que deseje.

- Jogue para longe de sua mente os preconceitos, falsas crenças e superstições e tenha certeza que Deus responderá antes de você pedir, o ouvirá enquanto ainda estiver falando. Isso significa que você precisa pôr ordem em seus pensamentos e seu subconsciente para eles se conformarem com a verdade milenar: o que você procura já está criado na Mente Infinita. Só é preciso identificar-se mental e emocionalmente com o desejo, ideia, plano ou propósito, percebendo que ele é tão real como suas mãos ou braços.

- Sabedoria é a Presença e Poder de Deus funcionando dentro de você. Reconheça a presença de Deus e Ele aplainará seus caminhos. Confie em Deus, acredite em Deus, e todos os seus sonhos se concretizarão.

CAPÍTULO 7
"Por que aconteceu comigo?"

Trabalhar no aconselhamento de homens e mulheres é um grande privilégio e durante uma conversa informal, conduzida sem censura ou recriminações de qualquer tipo, o conceito de crença sempre acaba emergindo, pois é a chave para uma vida plena de realizações pessoais. Essas consultas são uma experiência elucidativa, principalmente para o conselheiro, porque revelam o padrão universal das dificuldades que afetam todos os seres humanos.

Não é incomum veteranos do movimento Novo Pensamento ficarem decepcionados quando ouvem que uma verdade aparentemente simples, tantas vezes ensinada, não foi colocada em prática. Muitas vezes escutam respostas como: "Oh, sim, é verdade. Conheço esse assunto há anos e já li muito sobre ele. Acho a mentalização positiva sensacional, mas meu problema é complicado e não pode ser resolvido com tanta facilidade."

Em seguida, a pessoa derrama sobre seu interlocutor uma torrente de queixas relacionadas com problemas amorosos, desemprego, solidão, falência e outras atribulações, embora demonstre boas intenções, amor por Deus e ânsia para encontrar uma resposta. Quando ouve o conselho de pôr em prática a impressionante verdade, a chave do reino, o fundamento básico da realização pessoal, que é "Vai, seja-te feito conforme tua fé", não entende sua grandiosidade e a vê como uma solução simplista.

Quando alguém pergunta: "Por que aconteceu comigo?", está deixando implícitas outras indagações: "Por que minha vida é tão cheia de infortúnios, tão azarada?" A pergunta "Por quê?", na sua implicação mais plena, é a mais antiga e universal súplica por uma resposta definitiva que trará paz de espírito e de coração, além de tudo o que é bom e justo para nossa vida cotidiana.

"Por quê?" reflete o desejo profundo e enraizado pelo bálsamo da verdade. Em seu aspecto mais elevado, ele é nosso instrumento para vivenciar a reconciliação com Deus, que nos trará a plena segurança e realização dos nossos mais belos sonhos. Realizar, "tornar realidade", e vivenciar, isto é, viver dentro da conscientização de nossa verdadeira natureza como filhos e filhas de um Deus vivo e misericordioso, deveria, na opinião de muitos, nos proteger das numerosas dificuldades e decepções, mas, de fato, só existe uma única, básica e fundamental desordem. Essa desordem é a sensação de separação do universal, da fonte de tudo, do progenitor, o Pai, ao qual demos o nome "Deus". Quando aceitamos a ideia de que nossa separação da fonte original é a causa de todos os dissabores, o medo começa a se desvanecer como a escuridão da noite ao nascer do dia.

Conta uma lenda asiática que um lavrador foi procurar o homem sábio do seu vilarejo e começou a se queixar sobre as agruras de sua vida. Estava cansado de lutar com as adversidades e lhe parecia que mal terminava de resolver um problema, surgia um pior. Estava a ponto de desistir de tudo.

O homem sábio pediu-lhe para descer até o lago e trazer um balde com água. Feito isso, o sábio dividiu a água em três panelas e colocou-as no fogão. Logo a água estava fervendo. Na primeira panela ele pôs várias cenouras; na segunda, alguns ovos; e na terceira, colocou um punhado de folhas de chá.

Depois de meia hora, o sábio tirou as panelas do fogão. Pegou as cenouras e colocou-as numa tigela, pôs os ovos numa outra e derramou o chá numa terceira tigela. Virando-se para o lavrador, perguntou:

— Diga-me, o que você está vendo?

— Cenoura, ovos e chá.

— Pegue uma cenoura e aperte-a. O que lhe parece?

— A cenoura está cozida, mole.

— Agora, pegue um ovo e quebre — disse o sábio.

O lavrador quebrou a casca e viu que o ovo estava bem cozido. Por fim, o sábio mandou o lavrador tomar o chá. Ele sorriu quando sentiu o aroma delicioso e bebeu com prazer. Em seguida, perguntou:

— O que o senhor pretende com isto?

O sábio explicou que essas três coisas tinham enfrentado a mesma adversidade — água fervente — e cada uma reagiu de maneira diferente. A cenoura entrou forte e rija, mas, ao ser submetida ao calor, amoleceu e ficou fácil de cortar. O ovo era frágil, só contava com casca muito fina para proteger o seu interior, mas a água fervente o fez endurecer. As folhas de chá, todavia, mostraram um comportamento singular: depois de passarem alguns segundos mergulhadas na água fervente, elas modificaram a água.

— Qual deles é você? — indagou o sábio. — Como reage quando a adversidade bate à sua porta? Você é uma cenoura, um ovo ou uma folha de chá?

Quando você estiver diante dos problemas da vida, pergunte a si próprio: "O que sou? A cenoura que parece forte, mas amolece e se fragiliza com o sofrimento e adversidade? Ou sou o ovo que começa com um coração frágil e espírito fluido, mas, depois da perda de um emprego, uma falência ou outro revés torna-se rígido e endurecido? Será que sou a folha de chá? Ela consegue mudar a água fervente, a adversidade que causa dor, liberando seus aromas e sabores." Quem é como a folha de chá, consegue enfrentar e modificar as piores situações, e sair revigorado desse combate. Como você lida com a adversidade?

O plano de Deus para os seres humanos é que todos tenham suficiente felicidade para que se tornem doces, suficientes sofrimentos para torná-los fortes, tristeza suficiente para mantê-los humanos e suficiente esperança para fazê-los felizes. As mais felizes das pessoas nem sempre têm o melhor de tudo, apenas aproveitam ao máximo o que recebem. O mais brilhante futuro sempre terá origem em um fato do passado, mas ninguém irá progredir na vida enquanto não se libertar dos fracassos e decepções.

Quando você nasceu, era o único que estava chorando, enquanto todos à sua volta riam. Viva sua vida de forma que, no fim, você continue sorrindo ainda que todos à sua volta chorem. Envie essa mensagem para todas as pessoas que significam algo para você, para todos que, de uma maneira ou de outra, tocaram a sua vida, para aqueles que o fizeram sorrir quando você precisou e mostraram o lado bom das coisas quando você estava triste, para todos os seus amigos, para todos aqueles que fazem diferença na sua vida.

Nós criamos e moldamos nosso futuro e nosso destino com as crenças que acalentamos. Os fatos que surgem em nossa vida revelam nossa capacidade de usar as energias vitais transformadoras e o potencial da mente. Só com elas poderemos obter uma modificação pessoal. Se alguém disser que esse processo é "simples demais", talvez esteja confundindo "simples" com "fácil".

Em teoria, o processo é simples, como são simples as teorias da matemática, física, química e outras disciplinas. A teoria aplicada, contudo, exige muita atenção, prática, determinação, paciência e sentido de responsabilidade. O tempo necessário para dominar uma matéria depende do grau de interesse do estudante. É comum, depois de uma explosão inicial de entusiasmo, a paciência e a determinação começarem a desvanecer. Quando se trata de desenvolver o poder do subconsciente, algumas pessoas veem com desagrado a necessidade de assumir responsabilidades e outras preferem não se lembrar da mais simples das verdades, apesar de ela ser a chave que abre as portas do reino que está dentro de nós.

Os antigos e veneráveis mestres da sabedoria, que ao longo dos séculos ensinaram as imutáveis verdades da vida, disseram: "Os anjos do Céu se rejubilam quando um indivíduo grita com todo seu coração, alma e mente: 'Por quê?'" Esta é uma pergunta que qualquer pessoa normal e mentalmente sadia, seja homem, mulher ou criança, terá de fazer para tentar entender este mundo confuso e turbulento em que vivemos.

Muitos começam a pensar nessa pergunta já nos tenros anos da infância, mas para a maioria das pessoas ela vem mais tarde, com o surgimento dos desenganos, por causa do cansaço decorrente de inúmeras derrotas ou quando todos os nobres ideais e ambições de participar da criação de um mundo melhor vão sumindo. A ocasião em que fazemos a pergunta não é importante, o que vale é ela se tornar o mais profundo desejo e anseio do nosso ser. Com certeza, os anjos se rejubilarão com ela, porque sabem que mais uma alma está iniciando a mais fascinante jornada que pode existir na vida. A resposta, o despertar da conscientização de nossa divindade, da percepção de que vivemos e sempre viveremos dentro do forte e amoroso coração de Deus, é a chegada de todas as energias e poderes da Terra que vieram para nos ajudar.

Quem são os "anjos que se rejubilam no Céu"? A palavra *anjo* deriva do grego *angelos*, que significa "mensageiro" ou "bondade". A palavra hebraica para anjo é *Malach*, que também quer dizer "mensageiro". Diz a Bíblia: "Eis que Eu envio um anjo diante de ti, para que te guarde pelo caminho e te leve ao lugar que te tenho preparado."(Êx. 23:20)

Quando um indivíduo está suficientemente evoluído, isto é, preparado, com mente aberta e coração disposto, para ouvir antigas verdades apresentadas de maneira nova e pouco conhecida, o anjo invariavelmente se rejubila. Como diz o velho ditado: "Quando o aluno está pronto, o mestre aparece." O mensageiro surge sob várias formas: um professor, livro, palestra, terapeuta, médico, até mesmo um comentário ao acaso.

Não importa a forma assumida pelo anjo. Dê-lhe boas-vindas e ouça a mensagem. Você sempre ansiou pela verdade, empreendeu inúmeras buscas para encontrá-la, portanto, não rejeite a mensagem nem a forma assumida pelo mensageiro. Não será difícil reconhecer a mensagem, porque ela será completa e totalmente diferente de tudo o que você já ouviu e em que sinceramente acreditou.

O anjo é o salvador, o espírito da verdade: "E tu conhecerá a verdade e a verdade te libertará." É óbvio que os anjos cantarão de alegria porque sabem que um outro ser humano está pronto para receber o espírito da libertação!

Deus jamais muda, é sempre e eternamente verdade. "Deus é amor. Sois de Deus, filhinhos. Amamos Deus porque Ele nos amou." Deus, o Infinito, o Absoluto, só pode amar, essa é a Sua natureza, o Seu nome. "O amor liberta, é o espírito de Deus!"

No início da Bíblia, lemos que Deus terminou a criação e viu que era boa. Você é parte importante da criação de Deus. Ele não discrimina pessoas, não escolhe alguém para favorecer em detrimento de outro. Deus nos ama igualmente e está dentro de cada um de nós, disposto a nos fazer o bem.

A tendência sagrada de Deus é dar, curar, favorecer de todas as formas que o homem pode conceber. Nada no Universo pode se opor a Ele, distorcê-Lo ou restringi-Lo. O Universo é de Deus, é o bem manifestado. Existe uma única presença, um único poder, um único ser, uma única vida "onde vivemos e nos movimentamos".

Deus é Um; Um só. Experimente ideias; se não forem verdadeiras, volte para o Um. Pode haver ideias contraditórias: eu posso, eu não posso; eu serei bem-sucedido, eu fracassarei. Mas, como Deus é Um, existe apenas uma resposta. "Sou capaz de tudo." Em uma situação de medo, acredite que a verdade de Deus agora mesmo está cuidando de tudo. Deus está guiando, orientando, mostrando o caminho. "Pedi e recebereis, buscai e achareis, batei e vos será aberto..." Você receberá a verdade, ela chegará vinda de muitas direções. Anjos de todo o tipo lhe entregarão a boa-nova.

Um homem sábio, conhecedor dos mistérios da vida, instruiu todos os seres humanos da Terra a formarem um enorme círculo. No centro do círculo todos deveriam depositar seus problemas, queixas, desentendimentos, decepções amorosas, doenças, carências e limitações, todos os sofrimentos possíveis e imagináveis.

Feito isso, eles receberam a ordem de examinar aquele monte de dificuldades e escolher uma delas para si. Um enorme silêncio caiu sobre a multidão. Todos ficaram mudos e imóveis.

Depois de muito pensar, eles começaram a voltar para o centro do círculo e cada homem, cada mulher, pegou o problema que ali depositara e todos voltaram para a privacidade dos seus lares. Ninguém, nem uma única alma, escolheu pegar para "carregar em seus ombros" o fardo, as dores, sofrimentos ou atribulações dos outros.

Um sinal de maturidade espiritual é reconhecer as circunstâncias de nossa vida. É tentador procurar resolver os problemas dos outros, mas isso não traz resultado e representa um completo desperdício e dissipação de nossas energias. Apesar de toda a boa vontade e melhores intenções, por mais que desejemos ajudar, a verdade é que não temos competência para modificar as condições e circunstâncias da vida de outra pessoa. Podemos orar por ela, visualizar situações boas para ela e, talvez, servirmos de mensageiro para ela.

Nós, e nós somente, temos o equipamento, a aparelhagem necessária para lidar com nossa vida, porque somos nós que a criamos. Temos a capacidade de modificá-la, melhorá-la por intermédio da mudança das nossas crenças, da recordação de quem realmente somos. Devemos nos lembrar de continuamente aceitar nosso legado, nosso direito de termos tudo o que é bom, belo e verdadeiro. Só assim conquistaremos a paz perfeita, porque então seremos unos com Deus.

Resumo do capítulo

- O conceito de *crença* é a chave para uma vida plena. Por meio de suas crenças, você cria e modela seu próprio futuro, seu destino.
- Talvez tenhamos a impressão de que somos atormentados por inúmeras dificuldades e decepções, mas existe somente uma única básica e fundamental desordem. É a sensação de estarmos separados da fonte universal e original de tudo — o progenitor —, o Pai, ao qual demos o nome de "Deus". Quando reconhecemos que temos de voltar a nos ligar à fonte, todos os problemas se tornam administráveis e o medo começa a se desvanecer como a escuridão da noite diante da aurora.
- Quando um indivíduo está suficientemente desenvolvido, com uma mente atenta e coração disposto a ouvir as antigas e conhecidas verdades apresentadas sob novas formas, o mensageiro vem falar ao coração. Como diz o velho ditado: "Quando o aluno está pronto, o mestre aparece." O mensageiro assume vários papéis, pode vir como um professor, um livro, palestra, terapeuta, médico, até sob a forma de um comentário ao acaso.
- Você é importante parte da criação de Deus. Ele não tem favoritos entre os seres humanos e jamais escolheria um em detrimento do outro. Deus é amor e ama a todos igualmente. Ele habita dentro de nós e só deseja nos fazer o bem.
- Essa é a essência de muitas religiões e é encontrada em múltiplas versões e variações: "Pedi e recebereis, buscai e achareis, batei e vos será aberto..." e "Você receberá a verdade, a verdade virá a você".

CAPÍTULO 8
O louvor: um meio de conquistar a prosperidade

O louvor é nosso reconhecimento da Presença Curadora e Poderosa de Deus que habita em nós, que é a única fonte, a única origem do bem que desejamos.

O louvor glorifica Deus, o Princípio Vital. A palavra *louvor* deriva de uma palavra hebraica que significa elevar. Por intermédio dele exaltamos a divindade que tem poder sobre todas as nossas atividades. Louvor deixa implícita a ideia de luz, radiação, glória, iluminação. O profeta Isaías proclamou que a Verdade "libertará os cativos" e "a abertura da prisão onde se encontram".

"Conhecereis a verdade e a verdade vos libertará", disse Jesus. Na linguagem bíblica, *cativos* são os que estão presos aos grilhões das falsas crenças, conceitos errados, superstições, doutrinação religiosa distorcida, credo, dogma ou tradição.

Quando chega o momento em que desejamos com todo nosso coração e alma entender a nós mesmos, de nos conscientizar de que tem de haver um modo, um método, para trazer harmonia à nossa vida, surge um mensageiro, um profeta da verdade (uma ideia, um livro) e então aprendemos. Tomamos ciência de que somos o que contemplamos, que nossos pensamentos e emoções têm enorme influência sobre nosso destino. Essa conscientização nos liberta dos falsos conceitos, nos salva do cativeiro e assim abrimos caminho para a prosperidade.

Esse é o momento em que despertamos para quem realmente somos e aceitamos o inacreditável poder criativo das nossas mentalizações e visualizações, da totalidade da nossa percepção.

Enquanto não chega essa hora, temos a tendência de atribuir os infortúnios a circunstâncias, pessoas, ao mundo, à vida em geral, e vivemos cativos em uma prisão espiritual e psicológica que nós mesmos construímos. Entretanto, como fomos nós que a criamos, podemos romper os grilhões, abrir as portas e sair para gozar a liberdade. A modificação, o estabelecimento de novos níveis de conscientização, tanto psicológicos como espirituais, resultam da compreensão de que temos um poder divino inato para governar nossos pensamentos e emoções. A Bíblia e outros escritos religiosos falam em "salvação", que significa a solução para nosso maior e mais fundamental problema: a sensação de estarmos separados da fonte, de Deus. Salvação significa que agora nos reconhecemos como realmente somos: filhos e filhas do Deus vivo e amoroso, herdeiros das qualidades, atributos e características do Pai. Estamos na Terra para nos lembrarmos desse fato, para entender que nos tornamos o que pensamos em nosso coração — em termos modernos, o subconsciente.

Temos a liberdade de nos programar dentro de um clima de fracasso, acreditando que Deus é incapaz de nos salvar das agruras da vida, de resolver nossos problemas. Todavia, são as emoções e atitudes que criam nosso modo de viver e, por mais incomum que pareça, podemos trocá-las com a facilidade com que trocamos de roupa, escolhendo no armário os trajes que achamos adequados para cada dia. Como filhos de Deus, ganhamos Dele o direito, o poder de usar as vestes da tranquila expectativa da realização de nossos desejos.

Temos a obrigação de reconhecer nossa capacidade inata de fazer uma transformação e de saber, com a certeza que vem do fundo do nosso ser, que não somos vítimas das circunstâncias, criaturas impotentes cercadas de problemas, tarefas complicadas, pessoas mal-humoradas, exigências injustas. Precisamos escolher entre continuar como vítimas ou nos tornar vitoriosos.

Quando aceitamos o princípio do poder criativo, a "força" da nossa conscientização, quando "acordamos" para nossos poderes espirituais inatos, estamos vestindo nossos "mais belos trajes". A força da conscientização é saber que somos sempre capazes de alcançar níveis psicológicos e espirituais mais elevados e construtivos.

A beleza, em termos bíblicos, significa mente equilibrada, a maturidade espiritual que alcançamos quando nos mostramos prontos e dispostos a parar de culpar a vida, Deus, a hereditariedade, circunstâncias, sofrimentos passados ou traumas psíquicos. Beleza é a aceitação da nossa responsabilidade, o conhecimento tranquilo de que colhemos o que plantamos na terra fértil de nossa mente.

Beleza exige coragem, embora apenas exija de nós que sejamos totalmente honestos conosco mesmos, que examinemos nossos pensamentos e emoções mais profundos, para os enfrentarmos, se for preciso, e os curarmos, se for necessário. Agindo dessa forma, seremos capazes de detectar padrões repetidos e determinar se eles são construtivos ou criadores de problemas, se facilitam ou dificultam os relacionamentos com a família, colegas ou amigos. Como escreveu Kahlil Gibran, autor de *O Profeta*: "Se este é meu dia de colheita, em que esquecidos campos e estações plantei as sementes?"

AUMENTE O PODER DO SEU SUBCONSCIENTE
PARA TRAZER RIQUEZA E SUCESSO

Nesse exame espiritual, não é incomum a perplexidade e o desânimo serem as sensações dominantes. Entretanto, um coração partido pode até ser útil, principalmente quando foi resultado de uma real busca pela verdade, porque o "coração partido" é a mente dividida, são nossos desejos em conflito com o que estamos vivenciando. Todos desejamos saúde perfeita, riqueza, amor em seus múltiplos aspectos, expressão dos nossos potenciais e talentos. Entretanto, o desejo nem sempre se realiza devido aos entraves que estão impressos em nosso subconsciente, sejam os que nos foram impostos ou os que nós próprios criamos. A beleza bíblica é a mente equilibrada e ela exige que perdoemos o passado.

Perdoar é dar a nós mesmos uma nova percepção e visão da vida, é trocarmos as "roupas velhas" por trajes novos, que nós mesmos escolheremos para vestir. É raro um terapeuta ou orientador espiritual não ouvir dos seus clientes ou fiéis: "Você não imagina quanto eu fui maltratado, como me feriram fundo. Só conheci raiva e amargura. Como pode me pedir para perdoar?"

Em meu livro *Segredos do I Ching* comentei: "O rancor e o desejo de ver alguém sendo castigado corrói a alma e literalmente 'solda' os problemas e infortúnios na sua vida." Certamente lamentamos o que sofremos, mas a beleza nos pede para confortar os que lamentam, para dar-lhes o bálsamo da alegria. Beleza é a sabedoria de compreender que os outros agem e reagem com base em seus próprios padrões de referência, em sua percepção da vida e frequentemente emergem a partir de seus próprios ferimentos e mágoas.

Devemos sentir raiva deles? Ou seria melhor escolher nos libertar deles, mandar todos saírem de nossa mente mais profunda? Talvez não aprovemos ou concordemos com os atos de outra pessoa, mas devemos reconhecer a Presença de Deus no interior do seu ser, porque o mesmo Deus ou lei da mente está atuando em cada homem, mulher, criança ou jovem que caminha pela face da Terra.

Não devemos achar que somos magnânimos e até superiores ao perdoar os outros, porque o perdão nos permite colher os maiores benefícios e recompensas e, portanto, quem perdoa está, de fato, sendo muito egoísta. A beleza pede mais, ela exige que nos perdoemos por termos acalentado em nosso coração qualquer sentimento negativo ou destrutivo e que assumamos o compromisso de nunca mais permitir que ele impressione nosso subconsciente. Quem não age assim está novamente se condenando à prisão e bloqueando seus ideais e aspirações, a prosperidade em todos os seus aspectos.

O perdão ilumina e ativa a mente, o coração e a alma da humanidade, e tira de nossos ombros os maiores fardos que escolhemos carregar. A "beleza" das escrituras não diz respeito à aparência física, à moda, mas refere-se à união entre mente e coração, criando o equilíbrio.

Kahlil Gibran escreveu:

Onde procurarás a beleza? Onde poderá encontrá-la a não ser que ela mesma seja seu caminho e seu guia?... Como falarás dela a não ser que ela seja a tecelã do seu pensamento?

Ele conclui:

Amigos, a beleza é a vida quando ela afasta o véu que cobre seu rosto sagrado. Tu és a vida, tu és o véu. Beleza é a eternidade mirando-se no espelho, mas tu és a eternidade, tu és o espelho.

A beleza da mente e do coração é a sabedoria do divino em teu interior, uma túnica magnífica tecida com compreensão e paciência.

O verdadeiro santuário nunca foi um edifício, mas uma questão relacionada com o espírito ou consciência. Ser uno com Deus é conhecer o ponto máximo da paz, sabedoria, poder e amor. O santuário é nossa compreensão das leis da mente universais e do modo como o espírito atua dentro do nosso interior, é saber que a resposta está sempre à nossa disposição e que a Infinita Inteligência e Poder Criativo de Deus se movimenta dentro de nós segundo nosso atual nível de conscientização.

A palavra "prosperidade" perdeu muito do seu significado original e agora é mais empregada para descrever a riqueza material, o que não é errado, mas pouco abrangente, porque antes ela também tinha o sentido de "crescer e florescer", e se aplicava a todos os aspectos da vida, como uma vida saudável, o desenvolvimento da inteligência, das habilidades etc.

"Louvar" é reconhecer a presença de Deus, é exaltar, dar graças, pelo bem que desejamos em suas diferentes formas: uma meta, plano ou propósito. "Profetizar" é criar e manter na nossa consciência o quadro mental equivalente, que fará o desejo se concretizar. O louvor se iguala com a total atenção e dedicação a uma determinada meta, em vez de se preocupar com o que é visto pelos cinco sentidos ou está esquecido no passado. Louvar a Deus é louvar o bem. Louvar a Deus é a crença na ação divina, é viver com a atitude e estado psicológico equilibrados devido à certeza de que a nossa salvação e as soluções para os nossos problemas estão sendo reveladas.

O propósito da religião é ajudar cada um de nós a tomar consciência do nosso verdadeiro eu, de se tornar uno com a essência da vida.

A prosperidade são os desejos que vamos concretizando à medida que aprendemos a viver e praticar o mais alto grau da verdade que agora conhecemos. Como diz a Bíblia: "Sede fortes e corajosos, não temais, não desanimeis; pois o Senhor vosso Deus está convosco, aonde quer que fores, para tornar vosso caminho próspero e bem-sucedido."

Resumo do capítulo

- O louvor, como um meio de obter prosperidade, é o reconhecimento da presença curadora e do poder de Deus dentro de cada um de nós. Ele é a única fonte e o único alicerce do bem que desejamos.
- Quando chega o momento de desejarmos com toda força de nossa mente, coração e alma compreender a nós mesmos, de saber que tem de haver um modo, um método, de trazer ordem e harmonia em nossa vida, sempre surge um profeta da verdade, que pode ser uma ideia ou um simples trecho de livro, que abre nossos olhos para a verdade. Percebemos que nos tornamos o que contemplamos, que nosso pensamento e emoções controlam nosso destino em grande parte. Esse conhecimento nos liberta e não somos mais cativos do passado. A prosperidade se instala em nossa vida.
- Nosso estado de espírito e atitudes criam o modo como vivemos. Somos capazes de modificá-los com a mesma frieza

e deliberação com que escolhemos no armário as roupas que desejamos usar a cada dia. Temos a capacidade de esperar ou "usar" o traje da expectativa tranquila da realização do nosso desejo.

- Precisamos reconhecer que não é certo nos vermos e agirmos como vítimas das circunstâncias ou como criaturas indefesas cercadas de tarefas complicadas, problemas, pessoas temperamentais e exigências injustas. Cabe a nós escolher permanecer como vítimas ou nos tornamos vitoriosos.
- A palavra "prosperidade" perdeu seu significado mais amplo e agora é usada como uma descrição da riqueza financeira. Em seu aspecto mais abrangente, ela significa "crescer e florescer", como uma árvore forte e saudável, a árvore da justiça ou da vida.
- "Louvar" é praticar a presença de Deus, exaltar e elogiar o bem que desejamos, sob qualquer forma: uma meta, plano ou propósito. Louvar é o mesmo que voltar toda a atenção e empenho para uma determinada meta, em vez de ficarmos presos ao passado. Louvar a Deus é louvar o bem. Louvar a Deus é a crença em ação.

CAPÍTULO 9
Por que suas crenças o fazem ser rico ou pobre

"Porque àquele que tem, se dará, e terá em abundância; mas àquele que não tem, até aquilo que tem lhe será tirado." (Mt 13:12)

Palavras ásperas? Cruéis? Algumas pessoas são destinadas ou escolhidas para ter as riquezas do mundo enquanto outras vieram para sofrer carência e privação?

Evidente que não! Essa citação é uma declaração crucial sobre a presença de Deus em nosso interior, que nos responde em todos os momentos, produzindo as condições e circunstâncias da nossa vida cotidiana, criando segundo os "pensamentos e meditações de nossa mente mais profunda, subconsciente".

Em essência, essas palavras de Jesus nos oferecem a liberdade, um modo de escapar das oscilações da fortuna. Tanto a abundância como a carência ou limitação depende da nossa compreensão e do nosso relacionamento individual com a única fonte — Deus. Os místicos deram-lhe nome de Mente Divina. Uma *única* lei, o Senhor da nossa vida: tirano ou benevolente, um protetor inteligente.

Os que gozam da verdadeira abundância (suprimento constante) e prosperidade são os que têm consciência dos poderes criativos da mente e do pensamento. A *verdadeira abundância é* o ganho honesto. Essas pessoas *conhecem* o *valor* e o *efeito* desse conhecimento e, gravando continuamente em sua mente ideias de prosperidade e abundância espiritual, mental e material, seu subconsciente *automaticamente* faz a riqueza se concretizar em sua vida. Essa é a grande e universal lei da vida, que opera na vida de todos. Isso sempre é e sempre foi verdade. Nossas mais profundas crenças, opiniões, percepção e compreensão são atendidas como experiências, acontecimentos e condições, e concretizadas de acordo com nossa natureza e ideias.

Se tivermos a percepção e convicção de que vivemos num Universo generoso, inteligente, infinitamente produtivo — que nos foi dado e é governado por um Deus amoroso, ou um ser divino —, essa certeza será refletida em nossos atos e circunstâncias.

Da mesma forma, se minha convicção dominante for: "Não sou digno da riqueza Infinita e Universal, estou destinado ou fadado a ser pobre, riqueza é para os outros", estarei me conformando com a carência e materializando-a em minha vida.

Esses dois conceitos ou crenças opostas são determinantes no que diz respeito à nossa abundância ou carência material. Parafraseando o texto bíblico. "Os ricos ficam mais ricos e os pobres mais pobres", a mente acrescenta e amplia tanto os pensamentos de abundância como de pobreza. Aceitando esse conceito, ganhamos controle sobre nossa vida, atividades e circunstâncias.

Aceitando como Verdade que a mente é nosso *agente criativo* e que ela atua com base em nossas crenças e pensamentos, veremos seu poder refletido em nossa cura, abundância, prosperidade e saúde, e ocuparemos nosso verdadeiro lugar em uma vida de abundância.

Sei que não é fácil pensar em abundância e riqueza quando estamos vivendo na pobreza e com limitações, mas também sei que podemos mudar essa situação com honestidade e integridade. Em meu livro *O poder milagroso de alcançar riquezas infinitas* salientei que essa mudança exige um esforço concentrado e constante, mas ele será produtivo, porque quem pratica o pensamento *disciplinado* torna-se obrigatoriamente rico e pode ter tudo o que deseja. A pessoa que coloca toda sua atenção nas riquezas ilimitadas da vida será agraciada com maior quantidade do que é bom neste mundo.

Dentro da estrutura de uma conhecida e excelente lei: "Semelhante atrai semelhante", o pensamento disciplinado é a chave para uma importantíssima verdade. Muitos entendem o termo "disciplina" como castigo, exaustão, dor, sofrimento, mas isso é não entender seu verdadeiro significado.

Para mim, disciplina começa com o entendimento. Devemos entender em que acreditamos e porque acreditamos nisso, mas, quando se presta atenção ao que é dito durante uma conversa, fica evidente que muitas pessoas sofrem de carência em decorrência de mal-entendidos. A principal causa para as limitações é o fato de terem sido doutrinadas, no caso de a família ser religiosa, ou instruídas em apenas *metade* das escrituras, a metade que reforça os efeitos dos pecados e virtudes. Todavia, podemos, sem dúvida, *disciplinar* nossa mente, fazer com que ela seja nossa *discípula*. As palavras *disciplina* e *discípula* têm a mesma origem, ambas derivam do latim *discipulus*, que significa "aluno". Como nossa mente é nossa principal aluna, o entendimento é básico e essencial.

Uma transformação no modo de pensar pode mudar vidas[1] Essa afirmação tem de ser respeitada como algo sagrado. Deus só quer o bem para nós. A vontade de Deus é a tendência da vida de progredir e se expandir. Quantas pessoas você conhece que acreditam que Deus deseja unicamente o que é bom para elas? Quantas creem que Deus é o causador das suas desgraças?

Começamos a disciplinar a mente quando nos dispomos a procurar a verdade e, para isso, só precisamos examinar e entender nossas mais profundas crenças e opiniões, nossos ideais e aspirações. A renovação do modo de pensar é perfeitamente possível. Entretanto, temos de aceitar a máxima que diz: "Onde não existe amor, não existe a disciplina."

Chega a ser chocante, especialmente para um ministro religioso como eu, constatar que grande parte da confusão sobre riqueza e pobreza tem origem na Bíblia, pelo menos no que diz respeito ao mundo ocidental. Talvez seja incalculável o número de pessoas que quando crianças ouviam repetidamente que "O Senhor ama os pobres".

Lemos nos Salmos: "Bendito é o pobre, o Senhor o livrará nas horas difíceis", e no Novo Testamento: "Felizes são os pobres em espírito, porque deles é o Reino dos Céus."

Estas afirmações são declaradas como *verdades absolutas* em milhares de púlpitos, milhões de vezes por ano, sem nenhuma explicação sobre a mudança no significado das palavras ao longo de dois mil anos e muito mais do que isso, quando se trata dos Salmos. As línguas mudam, evoluem e se ampliam. A aceitação dessas frases e tantas outras do mesmo teor principalmente durante a primeira infância, quando não existe contestação, contribuiu para criar uma crença duradoura e às vezes inconsciente de que é errado ou "pecado" possuir mais do que o suficiente para viver e que é "feio" ser rico.

Quando a Bíblia diz que Deus deseja que vivamos na abundância, ela se dirige a todos os seres humanos e nenhum é excluído.

A prosperidade, inclusive a riqueza material, é concretizada quando as verdadeiras ou aparentes contradições de nossa doutrinação precoce são resolvidas e ocorre a nossa reconciliação com a Presença Divina. Até bem pouco tempo, todas as Bíblias encontradas nas livrarias estavam escritas numa linguagem antiquada, com sentenças solenes e empoladas, cheias de palavras difíceis, desconhecidas pelo leitor moderno, e sentenças que apresentavam uma linguagem repleta de palavras antigas, cujo significado foi se modificando à medida que as traduções do grego original se sucediam ao longo dos séculos.

Apesar de centenas de passagens poderem ser aceitas no sentido literal, a maioria precisa ser analisada dentro do contexto da época. Todo o texto parece ser uma massa de contradições, parábolas e metáforas que não se aplicam ou não têm relevância no mundo atual.

O certo é vermos a Bíblia como um manual de metafísica. Quando a linguagem é adequadamente entendida, a Bíblia se mostra muito rica na apresentação de verdades práticas e orientações que enriquecerão nossa experiência de vida.

A Bíblia não é um romance ou livro de história e, quando é lida ao pé da letra, suas reais intenções permanecem ocultas. A leitura precisa ser uma experiência subjetiva, um diálogo entre os textos e o leitor, em que este deve perguntar: "O que essa passagem significa para mim, neste momento?" ou "Quem são, de fato, os *pobres* nas bem-aventuranças?". Os pobres são os que precisam se elevar, ser iluminados.

Como um manual de metafísica, a Bíblia nos revela o modo como podemos sanar o cenário que gera pobreza e outros infortúnios. Temos de elevar nossa mente, precisamos crescer em compreensão e conscientização, chegar a um conceito mais elevado, uma maior visão e percepção. Todas as palavras, frases e versos nos revelam uma verdade essencial: "Mudamos mediante a renovação de nossa mente, que se inicia quando passamos a ter uma percepção mais elevada."

Ser pobre em espírito, como lemos nas bem-aventuranças, significa não ter a capacidade de usar as leis da mente. Ouvimos com frequência que os que sofrem neste mundo serão recompensados numa vida futura ou que um Messias virá para libertá-los do seu atual sofrimento. Mas Jesus, nas frases mais citadas do Novo Testamento, falava no tempo presente: "O Reino de Deus está no meio de vós" (Lc 16:21), "Hoje estarás Comigo no Paraíso" (Lc 23:43), "É pela vossa perseverança que conseguireis salvar a vossa vida" (Lc 21:19).

Ser pobre em espírito significa que sua mente está aberta e receptiva às Verdades de Deus, que você tem fome e sede de conhecimento do divino em seu interior. Significa que você limpou a mente de falsas crenças, temores, preconceitos e de qualquer pessoa ou acontecimento que poderia obstruir sua conscientização da Divina Presença.

A pobreza está na mente. Os governos e instituições jamais conseguirão banir a pobreza se não forem bem-sucedidos em bani-la da mente humana. Podemos e devemos auxiliar os que passam por necessidades, mas é preciso agir com prudência e sabedoria, ajudando-os a reter sua dignidade, a entender que existem princípios mentais que, desde que eles mesmos os apliquem, os libertarão da ideia de pobreza. Podemos ensinar-lhes que existe uma *única fonte*, um suprimento inesgotável de inteligência e abundância dentro de seus corações. São os maus estados de espírito que criam a pobreza. Cure a mente e todos os tipos de carência começarão a ser eliminados.

Ser pobre não significa que alguém é virtuoso e também não é crime ser rico, milionário até, se o dinheiro foi ganho com honestidade. Roubar, fraudar, trapacear é roubar de nós mesmos, porque, mais cedo ou mais tarde, colheremos o que semeamos. Quem conhece as leis da mente sabe que a fonte da abundância é o Reino de Deus. É evidente que nem sempre nossa busca pela riqueza e prosperidade é um constante sucesso, e já vimos vários exemplos disso nos capítulos anteriores, mas temos a possibilidade, a faculdade de recorrermos ao Poder dentro de nós. A vida é cheia de altos e baixos, e existe uma imensa variedade de acontecimentos e situações mundiais que influem positiva ou negativamente em nossa existência. Por isso precisamos estar sempre preparados para enfrentá-los.

Compreender os opostos da vida é uma valiosa chave para entendermos como nossas crenças ditam nossas ações. Temos de compreender que vivemos em um Universo que é feito de dualidades. A maior dádiva que Deus nos concedeu a liberdade de escolher — entre bem e mal, saúde e doença etc. A escolha é nossa e devemos fazê-la com sabedoria e cautela.

Ao longo de milhares de eras, homens e mulheres fizeram essa escolha com diferentes graus de êxito. Entretanto, a maioria concluiu que os opostos, como bem e mal, têm poderes independentes e, portanto, tudo o que nos acontece é fruto do acaso, do destino, da sorte.

Na superfície, essa atitude parece ser correta. Mas, será que é possível existirem dois infinitos? A física diz que não, porque duas forças de igual valor atuando em sentidos opostos cancelam uma à outra, resultando em absoluta neutralidade ou o absoluto caos em vez do Universo de precisão em que vivemos. As polaridades são tão opostas como as extremidades de uma bengala e podem estar a quilômetros de distância uma da outra. Entretanto, são partes de uma única bengala.

A sabedoria que chegou até nós ao longo de incontáveis gerações aconselha: não julgue, não formule suas ideias ou conclusões levando em conta a aparência. Não decida de acordo com as condições do momento.

Estamos sempre nos movimentando entre opostos. O estado de espírito pode passar da euforia para o desespero, do prazer para a dor, da alegria para a tristeza, e não saberíamos a diferença entre eles se não os conhecêssemos. Todavia, quando reconhecemos e compreendemos que esses extremos são manifestações de um único princípio — a dinâmica e a criação constante —, não mais temeremos os opostos que vemos em torno de nós e que todos vivenciaremos em maior ou menor grau. O oscilar do movimento pendular dos bons e maus acontecimentos será menor.

Existem expressões duais do mesmo princípio. Estamos aqui para reconciliar esses opostos e criar harmonia, saúde e paz em nosso mundo. Em meu livro *Segredos do I Ching* salientei que provavelmente não existe outro sistema de instrução, de sabedoria prática, que considera mais nítida e diretamente o princípio dos opostos do que o criado pelos chineses há mais de cinco mil anos!

Os antigos chineses entenderam e aceitaram o princípio dos opostos e lhe deram o nome de "mudanças" ou "passagens". Para eles, tudo vem do Invisível, permanece no mundo por algum tempo e volta para o Invisível, que chamavam de Dao (Deus). Esses sábios concluíram que o Cosmos — o mundo, a sociedade, os indivíduos — está sempre e eternamente em um constante estado de fluxo, um vai e vem entre um determinado estado e o seu oposto.

O verão muda para inverno; o dia muda para noite; a Lua cresce e diminui; as marés sobem e descem; velhas civilizações morrem para que novas possam nascer. Os antigos filósofos chineses diziam: "Se você não gosta do nosso clima, continue aqui por algum tempo; ele vai mudar."

Eles reconheciam que havia forças sobre as quais não tinham nenhum controle, como os movimentos dos planetas, das estrelas, as estações do ano e os elementos. As inundações vêm, permanecem por algum tempo e depois passam. A seca vem, permanece algum tempo e depois passa. Os dias frescos e ensolarados logo voltarão porque esse é o modo natural da renovação dentro de uma escala vasta e cósmica.

I Ching: o livro das mutações revela que toda forma, função e ação vêm do invisível Dao. Encontramos essa mesma verdade nas escrituras judaico-cristãs: a natureza em todas as suas energias vem de uma única fonte: o Absoluto (Dao/Deus). Três mil anos depois, o apóstolo Paulo escreveu: "Não existe outro poder senão Deus; os poderes que existem são os ordenados por Deus." O *I Ching* e a Bíblia concordam que Dao/Deus age no plano universal, de maneira impessoal, segundo os princípios e leis naturais. Concordam também que o mesmo princípio da dualidade opera tanto em proporções cósmicas como na humanidade.

Estamos constantemente passando de um estado para o seu oposto. Todos vivenciamos altos e baixos, oscilamos entre tristeza e alegria; prazer e dor; paz e discórdia; confiança e temor. Os pensamentos também vêm em pares: riqueza e pobreza, doce e amargo, bom e mau, quente e frio. Não somos capazes de controlar os elementos, mas temos a capacidade de controlar e dirigir nossa consciência. Fomos presenteados com a inteligência inata e capacidade de escolher e decidir sobre nossos pensamentos, ideias, conceitos, e também nosso estado de espírito e desejos.

Esses desejos são os anjos de Deus, os mensageiros do divino que nos dizem: "Suba mais alto!" Permita que seu desejo cative e mantenha sua atenção porque você se move na direção da ideia predominante em sua mente. A força do desejo depende da grandeza do benefício esperado com a sua realização.

Reconheça que nós, sozinhos, nada podemos fazer, mas a Inteligência e Energia Vital (Dao/Deus dentro de nós), que tudo envolve e tudo permeia, está disposta e ansiosa para prover, proteger, elucidar e restaurar nossa harmonia. Ela reconciliará os opostos e trará paz de espírito. Quando possuímos a maior de todas as dádivas, tudo se acerta em nossa vida e descobrimos o paraíso — aqui e agora, na Terra.

A Bíblia conta que Jesus ensinou as dualidades da vida com uma parábola, a do joio e do trigo. Os servos perguntaram ao dono: "Queres que retiremos o joio?" Disse o dono: "Não! Pode acontecer que, ao retirar o joio, arranqueis também o trigo. Deixai crescer um e outro até a colheita, então direi aos que cortam o trigo: retirai primeiro o joio e amarrai-o em feixes para ser queimado! O trigo, porém, guardai-o no meu celeiro!" (Mt 13:30)

O joio, as ervas daninhas, são os extremos negativos ou destrutivos e não nos trazem nenhum benefício. Representam o medo, dúvida, má vontade, rancor e raiva — o desejo de se vingar ou ganhar controle sobre os outros.

O trigo sempre representa o alimento, a substância que dá vida, tudo o que incentiva e reforça nossos desejos, nossa cura. Não se assuste quando as "ervas daninhas" aparecerem, porque elas vêm da mente da massa, o inconsciente coletivo que está sempre conosco.

Reconheça sua presença e destrua o joio: queime-o no fogo do Amor Divino. Escolha apenas o trigo, as Verdades Eternas — amor, vida plena, saúde, abundância (espiritual, intelectual, social e material) e, sobretudo, a orientação para encontrar a verdadeira paz.

O *I Ching* aconselha: "Não escolha o infortúnio, escolha a boa fortuna." Então, deixe Dao/Deus ser a maior autoridade em sua vida, seu senhor, seu guia. Permita que Ele seja seu melhor amigo, do qual vem amor e companheirismo em seus muitos aspectos, seu Divino Companheiro, que só deseja o seu bem, sua boa fortuna. Dao/Deus torna-se, então, muito íntimo e presente, quase como se fosse uma pessoa — seu Melhor Amigo.

Quantas vezes você já ouviu: "Por que Deus permite a pobreza?" Ou doenças, guerra, morte? São perguntas que todos fizemos ou faremos mais cedo ou mais tarde, pelo simples fato de sermos criaturas pensantes.

Deus nos deu o livre-arbítrio, o poder de escolha, e se o usarmos de maneira errada ou com maldade, as condições adversas ficarão se repetindo em nossa vida. Enquanto não aprendermos sobre o princípio da vida, aceitarmos a responsabilidade por nossas escolhas e decisões — tanto individual como coletivamente —, o mal será recorrente e as guerras continuarão a acontecer enquanto houver tiranos entre nós.

É inaceitável alguns seres humanos ainda recorrerem à força e aos horrores da guerra para conquistar territórios e riquezas, quando a abundância da Terra está à nossa disposição, bastando apenas aprendermos a pedir a orientação do Grande Provedor sobre como distribuí-la com sabedoria e justiça.

"Na casa do meu Pai existem muitas moradas" — as infinitas dimensões da nossa mente. Conscientize-se dos enormes poderes intelectuais e emocionais que se encontram dentro do seu ser, sua caixa do tesouro, seu reino conceitual, sobre o qual o Pai lhe concedeu absoluto domínio e autoridade. Conscientize-se da natureza dual do mundo onde você vive, inclusive do mais importante dos opostos: vida e morte (que não é mais do que uma travessia para outra dimensão).

Ao longo da nossa vida encontramos inúmeras dualidades que nos causam confusão e perplexidade, e temos de entendê-las como um desafio que temos de enfrentar e vencer. Está em seu poder usar sua sabedoria, fé e compromisso de fazer o bem, para escolher certo. Assim agindo, você será recompensado com uma vida de bênçãos, harmonia e abundância.

Ativamos a dádiva do livre-arbítrio ao compreendermos que ele permanece "oculto" enquanto não reconhecemos que Deus é amor e que a natureza do amor é dar. Deus jamais retém o que é bom para nós, como também não nos obriga a aceitar qualquer acontecimento e não dá suas graças para apenas alguns escolhidos.

Somos nós que escolhemos: "Escolhei *este* dia." A escolha o torna cada vez mais receptivo, e apto a renovar seu entendimento, a eliminar a sensação de estar separado do Amor, Vida, Deus, com toda a força da sua mente, coração e alma.

Resumo do capítulo

- Tanto a abundância como a carência ou limitação podem ser nossas de acordo com nossa compreensão, ou seja, conforme a relação individual que temos com nosso conceito sobre a única fonte de tudo: Deus.

- Os que gozam da verdadeira prosperidade e abundância (um suprimento constante) são aqueles que têm consciência dos poderes criativos do pensamento e da mente. A verdadeira abundância é um "ganho honesto". Eles conhecem o valor e o efeito dessas atitudes e à medida que vão continuamente gravando em sua mente ideias de abundância espiritual, mental e material, de prosperidade e de fartura, seu subconsciente automaticamente faz a abundância se concretizar em sua vida.
- Quando aceitarmos como verdade que a mente é nosso agente criativo e que é capaz de concretizar tudo em que ela se focaliza, seus poderes serão demonstrados. Estaremos então a caminho de nossa cura, abundância, prosperidade e saúde, e encontraremos nosso lugar ideal na vida.
- Quando a Bíblia diz que Deus quer que tenhamos abundância, está falando de todos os seres humanos — ninguém é excluído.
- A abundância — inclusive a riqueza material — geralmente se concretiza quando as aparentes contradições da nossa doutrinação na primeira infância estiverem resolvidas.
- Não existe virtude na pobreza nem é crime ser rico, desde que o dinheiro tenha sido ganho honestamente. Roubar, fraudar, trapacear é roubar de si próprio.
- Vivemos em um Universo de dualidades ou polaridades. A maior dádiva que Deus nos deu é o livre-arbítrio, a capacidade de escolher entre bem e mal, saúde e doença etc. A escolha é sua e deve ser feita com sabedoria.
- Nosso estado de espírito pode passar da euforia para desespero, prazer e dor, alegria e tristeza. Se não fosse assim, não saberíamos a diferença entre esses sentimentos. No entanto, quando reconhecermos e entendermos que esses extremos são

manifestações de um único princípio — a criação dinâmica e constante —, não mais sentiremos medo dos opostos que enfrentamos na nossa vida.

- Deus nos deu o livre-arbítrio, e se fizermos escolhas erradas ou maldosas, essas condições ficarão se repetindo em nossa vida. Enquanto não aceitarmos a responsabilidade pelas nossas escolhas e decisões, tanto em termos individuais como coletivos, o mal continuará se repetindo.

CAPÍTULO 10
A Regra de Ouro

"Tudo aquilo que quereis que as pessoas vos façam, fazei-o vós a elas..." (Mt 7:12). A Regra de Ouro, sob uma ou outra forma, aparece em todas as grandes religiões do mundo e muitas vezes é chamada de "a essência da religião". Hilel, o grande rabino que viveu um século antes de Jesus, ao ser perguntado se seria possível fazer um resumo dos ensinamentos do Antigo Testamento, respondeu: "A ideia mais importante é não fazer aos outros o que não quereis que lhe façam." Os psicólogos modernos reiteram essa regra como principal fator no estabelecimento de relações interpessoais sadias.

E o que a obediência à Regra de Ouro tem a ver com tornar-se rico e próspero? Hilel também respondeu a esta pergunta: "Se eu não for por mim, quem será por mim? Mas, se sou só para mim, o que sou?" Sim, Deus nos dá o poder para viver na riqueza e abundância, e temos o dever de extrair o máximo de nossos talentos e oportunidades. Com esse poder, contudo, vem a obrigação de não cuidarmos apenas de nós mesmos, mas também dos outros.

Encontramos o princípio da Regra de Ouro entrelaçado como um fio precioso nos mais importantes sistemas de filosofia e religião. Nem sempre as palavras são as mesmas, mas a intenção é:

devemos dar aos outros a mesma liberdade de crença, adoração, realização e aquisição que desejamos para nós mesmos.

Quando adotamos essa atitude, fazendo dela um código de ética, um princípio orientador, ela começa a exercer uma influência dinâmica em nossa vida cotidiana. Quando nossos pensamentos são sábios, somos guiados para fazer o que é melhor para todos os envolvidos em nossos relacionamentos, investimentos, empregos, empresas ou profissões.

Como a Regra de Ouro é universal e não se limita a qualquer religião ou cultura, podemos apreciar melhor seu valor e, por intermédio dela, aprender a origem de muitas crenças atuais e dominantes. Como ideia, ela existe há muitos milênios, mas sob esse nome apareceu pela primeira vez por volta do século V a.C., nas obras de Heródoto, um historiador grego, chamado de "o pai da história". Ao considerar os princípios básicos da Regra de Ouro como apresentada em várias religiões diferentes, não pretendo criar polêmica, mas apenas proporcionar ao leitor uma oportunidade de compreender melhor a universalidade da crença.

Tenho um carinho especial por um pensamento de Mohandas Ghandi, o Mahatma, sobre a religião: "A religião é como a árvore, que tem um único tronco, mas muitos galhos e folhas. Cada um a descreve usando sua própria língua e conforme o seu grau de conhecimento, o que a faz ser interpretada e reinterpretada por humanos imperfeitos."

Aprender algo sobre as religiões da humanidade é descobrir que existe uma impressionante similaridade entre elas, uma unidade subjacente em pensamento, emoções e método. Quando perguntado sobre qual era sua religião, Ghandi declarou: "Sou cristão, sou judeu, sou hindu, sou muçulmano; sou todos porque *todas as religiões são uma só.*"

Examinar a sabedoria trazida por alguns mestres e filósofos renomados não diminui em nada as ideias e conceitos apresentados nas escrituras judaico-cristãs e, bem ao contrário, serve para reforçá-las.

É sempre útil estudar os vários sistemas de instrução, quer se trate de religião, filosofia, artes e ciência, e não há mal nenhum em nos apropriar do que nos parece mais inteligente e racional. A Verdade pode ser encontrada em abundância no mundo inteiro e afirmar que a grande joia da sabedoria — a verdade — é encontrada em um único livro ou disciplina é nos restringir aos limites estreitos do credo, dogma e doutrina decretados e ordenados por seres humanos.

É instrutivo estudar a Regra de Ouro como aparece nos ensinamentos orientais, nos quais foi formulada pela primeira vez por um filósofo chinês, K'ung Ch'iu (Grande Mestre), cerca de seiscentos anos antes do nascimento de Jesus. No século XVII, um grupo de jesuítas viajou para a China e começou o estudo das obras desse sábio. Como era usual na época, eles traduziram seu nome para o latim e, no mundo ocidental, esse mestre é mais conhecido como Confúcio. Na China, seus ensinamentos foram reunidos sob o nome de filosofia Ju ou filosofia do Sábio, não sendo considerados uma religião.

Dizem que Confúcio raramente chamava uma deidade por nome, preferindo sempre o termo "Natureza" ou "Espírito". Às vezes mencionava um Deus Altíssimo, chamado de "Céu", um Pai-Criador que gerara tudo o que existe no Universo, o Sol, a Lua, os planetas, as forças e espíritos da natureza. Em seu entender, tudo é proveniente do Paraíso, e o primeiro dever do homem na Terra é aprender com a natureza e viver em harmonia com o Céu, consigo mesmo e com os outros.

Confúcio baseou seus ensinamentos nos pensamentos e conceitos expostos pelos reis sábios que tinham vivido 1.500 anos antes de sua época. No fim de sua vida, ele começou uma compilação do vasto conhecimento que adquirira ao longo dos anos escrevendo em tabuinhas ou folhas de bambu, que prendeu em feixes com tiras de couro, dando-lhes o nome de "Os Ensinamentos dos Antigos". Eles são considerados os primeiros livros surgidos na China.

Confúcio possuía a notável qualidade de pensar e raciocinar de maneira lógica e explicar cuidadosamente suas ideias. Para ele, o pensamento racional era uma das maiores qualidades dos seres humanos.

Angustiado com a miséria que via à sua volta e indignado com a desonestidade e desperdício no governo, concluiu que a solução para todos esses problemas era um alto grau de moralidade. Acreditava que seu próprio código de ética seria a solução, desde que começasse com a melhoria do indivíduo, porque se um indivíduo se tornasse melhor, a família, a comunidade, o governo e a nação também melhorariam e se tornariam puros e fortes no sentido moral.

Sua ética é apresentada em uma lista, uma sucessão de "nãos". "Não minta, trapaceie, roube, pratique excessos ou seja pouco modesto."

A Regra de Ouro de Confúcio também aparece sob a forma negativa. "Não faça aos outros o que não quer que lhe façam", palavras quase idênticas às do rabino Hilel, vários séculos depois.

Todavia, o uso de afirmações negativas cobre apenas os chamados "pecados ou erros de execução" e não menciona os pecados ou erros de omissão, isto é, as coisas que não são feitas por negligência ou esquecimento. Passando as regras de Confúcio e Hilel para a forma positiva, "Faça aos outros o que quiser que lhe façam", entendemos que estão incluídas a compaixão, compreensão, cortesia, elogio e reconhecimento do valor dos outros.

Salomão diz em seus Provérbios: "Seja rápido no elogio quando ele é devido." Isso, naturalmente, envolve a apreciação, cortesia e civilidade. Vemos diariamente exemplos de falta de civilidade em muitos indivíduos e famílias. Confúcio estava certo em afirmar: "As práticas da moralidade começam com o indivíduo dentro da sua própria casa." De fato, não é incomum ouvirmos queixas como: "Por mais que eu faça, nunca é suficiente. Ele (ou ela) nunca me dá valor e nem ao menos diz 'obrigado'."

Surge então a pergunta óbvia: "Com qual frequência você diz 'Obrigado', 'Gosto de você', 'Reconheço seu valor', 'Acho que é a melhor pessoa do mundo'?" Ora, se você quer ouvir estas palavras de afeto e incentivo, comece a dizê-las aos outros diariamente, até se sentir confortável ao expressá-las e perceber que saem do seu coração. A Regra de Ouro aplicada é o amor em ação.

Uma ideia simplista? Tente e creio que você receberá uma surpresa agradável. Saiba que bons relacionamentos ou casamentos não são uma loteria, como se diz, precisam ser cultivados e adubados para florescer e gerar beleza e frutos. Isso é o que diz a Regra de Ouro.

Quem dá, recebe. Isso se aplica tanto aos dias bons como aos difíceis. Quem estiver constantemente se perguntando: "Será que eu gostaria de ser alvo da opinião que tenho sobre fulano de tal?" e a resposta for "Sim", é ótimo. Mas, se for "Não", terá de prestar atenção ao que está criando em sua mente. Se alguém pensa em prejudicar o outro numa transação comercial, deve se preparar para ser prejudicado mais cedo ou mais tarde.

É uma regra simples, mas não somos tão crédulos ou ingênuos para imaginar que todos que a conhecem seguem esse código de ética na sua vida cotidiana. Já ouvimos falar que os que a entendem raramente são pegos de surpresa, porque parecem receber um aviso e proteção. De fato, eles são observados pela Divina Presença, a Inteligência que Confúcio chamou de "Céu" ou "Espírito" e que nós chamamos de Deus. É interessante colocar o aparecimento da Regra de Ouro dentro de uma escala cronológica. Quando entendemos a importância que lhe foi dada pelos mais iluminados mestres, sábios e místicos percebemos que eles reconheciam a Única Presença, apesar de lhe darem diferentes nomes.

Durante o século VI a.C. houve o despertar de grandes movimentos espirituais no mundo oriental. Lao Zi, cuja obra posteriormente tornou-se a base do taoísmo, e Confúcio disseminavam suas filosofias na China. O terceiro Zoroastro (também conhecido por Zaratrusta) revitalizava o zoroastrismo na Pérsia. Profetas e videntes iluminados como Jeremias, Ezequiel e Isaías exortavam os hebreus a continuarem se esforçando para atingir sua meta, que era construir uma nação. Os Upanishads estavam sendo escritos na Índia e os sacerdotes brâmanes apresentavam novas interpretações dos Vedas.

Durante esse dinâmico período, apareceu na Índia, em 600 a.C., Mahavira, o Jina (o vitorioso), que revelou uma enorme compaixão e compreensão quando ensinou: "na felicidade e no sofrimento, na alegria e no luto, devemos olhar para os outros como olhamos para nossa própria pessoa."

Devido ao asceticismo extremo, o janaísmo atualmente tem menos seguidores do que qualquer outra religião da Índia, mas os ensinamentos de Mahavira, o Jina, seu fundador, mostram que ele era um homem com extraordinária percepção. Ele ensinava que não devemos depender dos religiosos, dos outros ou dos deuses mais populares. Pregava que só dependemos do Um que responde a nossas meditações e que somos nossos próprios salvadores porque temos a capacidade de resolver nossos próprios problemas. Para isso, todos os nossos esforços devem ser voltados para a obtenção das "três joias", a saber:

- *Conhecimento*, porque ele nos leva à fé;
- *Fé*, porque ela nos leva à conduta correta;
- *Conduta correta*, porque isso é sabedoria.

Note que, para ele, a mais importante das joias é a conduta correta, porque significa *fazer* algo. Faça aos outros...

Mahavira se entristecia ao ver que as pessoas estavam sempre visitando e conversando com seus amigos e colegas nos períodos de prosperidade, mas bastava o amigo sofrer um revés financeiro ou qualquer tipo de sofrimento, no momento quando mais necessitava de compreensão, conforto ou auxílio, todos desapareciam.

"Não abandonem uns aos outros", aconselhava. "Essa atitude não é sábia nem é a conduta correta, porque vocês também acabarão sendo abandonados. Devemos ver os outros como sendo parte do nosso próprio ser, tanto na felicidade como no sofrimento, na alegria e na tristeza, nos bons e nos maus tempos."

Reconheço que ouvir as dificuldades e tristezas dos outros nos causa certo desconforto e até constrangimento, mas não deveríamos pelo menos fazer uma tentativa, apenas por ser a atitude mais decente?

Essa expressão da Regra de Ouro é talvez a mais caridosa das que surgiram nos seis séculos antes de Cristo. O taoísmo, fundado pelo bondoso Lao Zi um pouco antes do aparecimento do confucionismo, expressa um sentimento similar: "Veja o lucro do seu vizinho como se fosse seu próprio lucro; veja a perda do seu vizinho como se fosse sua própria perda." Essas afirmações nos lembram do ensinamento de Jesus: "Ama teu próximo como a ti mesmo." A aplicação dessa regra desperta a compaixão, a empatia com os outros, a capacidade de vê-los e ouvi-los com maior generosidade de espírito e de mostrar tolerância com seus costumes e ideias.

Para começar, devemos nos perguntar: "Como eu gostaria que meu próximo agisse comigo se trocássemos de papéis? Como gostaria que ele encarasse meu sucesso — com inveja, cobiça?" E mais: "Como eu gostaria que ele agisse diante do meu fracasso? Com completa falta de interesse, até com uma ponta de maldade?" Ou então: "Apesar de não concordarmos sobre certo assunto, eu gostaria que meus vizinhos me dessem permissão para expressar minha opinião."

Agindo dessa maneira sentiremos, sem dúvida, certa calma e bondade palpitando dentro de nós. Também notaremos que muitas pessoas começarão a se aproximar de nós com uma atitude mais razoável e tranquila, um sinal de que nossa paciência e compreensão estão se tornando um hábito, uma diretriz criada pela nossa mente mais profunda.

Muitas pessoas que conheço rezaram anos seguidos pedindo paciência e um comportamento pacífico, sem perceber que o único meio de adquirir essas virtudes seria a prática da compaixão pelo próximo, que é uma faceta do amor. A grande lei dos sábios, "Ame teu próximo como a ti mesmo", consegue transformar vidas.

Lao Zi nos incentivava a comungar em silêncio com nosso próximo. "Contemple sua união e a união do seu vizinho com Dao (Deus); Ele o ouvirá e honrará os dois com a tranquilidade." Todavia, muitas pessoas veem a atitude de amor, compaixão, simpatia e bondade como sinal de fraqueza. É errado confundir a bondade com fraqueza, porque é preciso uma enorme força de vontade e perseverança para um ser humano continuar sendo bondoso diante das misérias deste mundo.

"Tranquilize-se e conheça Deus." Os grandes avatares e fundadores das religiões eram conhecidos pela sua calma e bondade, mas tiveram força para modificar a mente de milhões de pessoas para viverem uma moralidade mais elevada.

Em suas origens mais precoces, as religiões orientais que atualmente estão envolvidas em conflitos, guerras e atos de terrorismo desprezíveis também pregavam os benefícios da compaixão, tolerância e responsabilidade pelos próprios atos e pelo modo de tratar seu próximo.

Isso está implícito na Regra de Ouro da religião Sikh: "Como você se avalia, avalie os outros; então você será um parceiro do Céu." Esse ensinamento é atribuído ao seu fundador, Guru Nanak, que antes professava a religião hindu. Esse sábio do século XVI tinha como seu maior desejo harmonizar os mais inspirados e construtivos elementos do hinduísmo e islamismo, que estavam se disseminando pela Índia, e ele foi extraordinariamente bem-sucedido em concretizar seu sonho.

Os muçulmanos tinham um deus único e os hindus, com sua costumeira tolerância, aceitaram a deidade que eles chamavam de Alá. Os muçulmanos, por sua vez, apreciavam a profunda devoção dos hindus no trato com seus deuses. Guru Nanak conseguiu fazer uma união do melhor de cada uma das religiões, cuja maior crença é que existe uma Única Inteligência, uma Única Presença, um Único Poder, do qual tudo vem e para o qual tudo volta. Essa Única Inteligência tem muitos nomes e diferentes títulos, mas é sempre a mesma.

As duas religiões se mesclaram no sikhismo, que também incentivava a tolerância e a responsabilidade pessoal. Sua Regra de Ouro diz que devemos ter grande respeito pelos outros e por nós mesmos, mostrar boa vontade com todos os homens e mulheres, e sermos tolerantes com outras crenças e opiniões, mesmo que sejam muito diferentes das nossas.

Se desejamos para nós mesmos a liberdade de expressão e escolha intelectual, devemos entender que elas são valiosas para todos os seres humanos. Sermos parceiros do Céu indica que temos responsabilidade sobre o que acontece com nosso próximo. Um verdadeiro parceiro não apenas recebe e goza dos benefícios de uma união ou fusão, quer se trate de um casamento, de política ou empreendimento financeiro, mas também aceita e assume a responsabilidade pelo sucesso da parceria e se mostra disposto a contribuir com uma parcela razoável de esforço para que ela seja bem-sucedida.

A tolerância e a responsabilidade são duas das maiores dádivas que recebemos da filosofia Sikh, o que mostra como várias religiões em diferentes épocas e regiões do mundo concordaram com esse conceito básico.

O princípio da tolerância é tão poderoso que recebeu em múltiplas línguas e culturas o nome de Regra de Ouro, indicando seu enorme valor para a humanidade. Se ele fosse universalmente praticado e aplicado a todas as decisões, avaliações e julgamentos, viveríamos em um mundo muito diferente. Criaríamos o Céu na Terra.

Se todos os seres humanos observassem esse princípio, tanto coletiva como individualmente, não haveria mais guerras, crimes e crueldade, não existiriam mais atitudes desumanas, sofrimento e pobreza. Mesmo em termos do dia a dia, se nos acostumássemos com essa atitude de liberdade, nos envolveríamos cada vez menos em disputas mesquinhas.

Seguindo a Regra de Ouro, enriqueceremos nossa vida, talvez viremos a vivenciar uma era de paz na Terra e de bem para a humanidade. Uma utopia? Uma ideia visionária, impossível de ser praticada? Não creio, pois tenho certeza de que nada nos impede de colocá-la em prática na nossa existência cotidiana, transformando-a no alicerce no qual construiremos para nós um paraíso, uma vida que jamais tivemos oportunidade de conhecer.

Os sábios, desde a mais remota Antiguidade, adoraram e reverenciaram a Única Presença dentro do coração e alma dos seres humanos, e lhe deram incontáveis nomes e a honraram com os mais diferentes rituais. O ensinamento mais valioso que nos transmitiram foi que devemos respeitar nosso próximo com afeto e compreensão.

Agindo dessa maneira, receberemos tesouros incalculáveis e viveremos em paz, harmonia e abundância no paraíso de nossa mente e coração, protegidos pela Altíssima Presença: o Único Deus, o Pai amoroso.

Resumo do capítulo

- O princípio chamado Regra de Ouro é como um fio precioso que une todos os sistemas de filosofia e adoração. Ele pode não estar escrito com as mesmas palavras, mas a ideia é idêntica: devemos dar aos outros a mesma liberdade de expressão, de crença e de realizações que damos a nós mesmos. Adotando essa atitude como nosso código de ética — um princípio orientador — ganhamos uma nova dinâmica e energia em nossa vida. A Regra de Ouro é o tesouro de sabedoria que devemos guardar no fundo do nosso ser.
- Aprendermos mais sobre as religiões da humanidade nos permite descobrir que existe uma impressionante similaridade entre elas, uma unidade subjacente nas suas crenças e princípios.
- A Regra de Ouro aplicada é o amor em ação. Por exemplo, bons relacionamentos ou casamentos não acontecem por acaso. Eles têm de ser cultivados e adubados para crescer, florescer e darem bons frutos.
- O taoísmo também tinha sua Regra de Ouro: "Considere o ganho do seu vizinho como seu próprio ganho; considere a perda do seu vizinho como sua própria perda", que faz paralelo com o ensinamento de Jesus: "Ama teu próximo como a ti mesmo." A aplicação desse princípio desperta a compaixão

pelos outros, a capacidade de os vermos com maior generosidade de espírito, com maior tolerância por suas ideias e pontos de vista.
- A religião Sikh, da Índia, também incentivava a tolerância e a responsabilidade pessoal. "Considere os outros como você considera a si mesmo; assim você se tornará um parceiro do Céu." Essa versão da Regra de Ouro nos incita a ter respeito e boa vontade para com todos os homens e mulheres, e a nos tornar mais flexíveis e tolerantes diante das suas ideias e crenças. Agindo assim, trabalharemos lado a lado com o Céu para trazer o bem a todos.
- Aderindo à Regra de Ouro, somos capazes de enriquecer nossa própria vida. Se permitirmos que ela se torne o alicerce de nossa vida, ganharemos o poder de criar um novo céu e uma nova terra para nós mesmos, nossos entes queridos e nossos semelhantes.

CAPÍTULO 11
Seu futuro: a arte de antecipar

Antecipar é a arte de programar nossa mente para concretizarmos nossos planos e propósitos por meio da nossa sabedoria inata, para vivermos em harmonia com os grandes princípios da vida, que nos ensinam que tudo o que existe vem da Mente Universal e Infinita que os antigos chamavam de "divino": a presença viva do Deus amoroso.

A imaginação se torna criativa por intermédio do maior poder que existe, já existiu e existirá, a Presença Infinita que chamamos de Deus, e que sempre nos responde de acordo com a natureza de nossas ideias interiores.

Como seres humanos, estamos sempre nos perguntando: "O que o futuro reserva para mim, meus entes queridos, negócio ou empresa? O que acontecerá comigo?" Essa indagação gera mais dúvidas: "Será que meu destino já está determinado? Será que dependo da sorte para ter saúde e prosperar? Será que tenho influência sobre os acontecimentos futuros?"

Qualquer indivíduo racional faz perguntas desse tipo, mas nem todos têm consciência de que as respostas já estão dentro de nós. Elas nos chamam do interior de nossa mente e coração, e somos capazes de ouvi-las e responder de maneira construtiva.

A Bíblia conta como Moisés, muitos anos depois de ter fugido do Egito, cuidava do seu rebanho de ovelhas quando viu um arbusto pegando fogo. Intrigado, aproximou-se dele para ver o que estava acontecendo. Diante da sarça ardente, ele ouviu o chamado. Esse chamado é uma metáfora para indicar os primeiros passos no caminho espiritual ou o despertar da conscientização, que eliminará qualquer tipo de medo do futuro.

Esse arbusto flamejante está queimando dentro de todos nós, são as chamas divinas em nosso interior, o desejo ardente de subirmos cada vez mais alto, de sermos mais do que somos agora, de sermos, fazermos, darmos, possuirmos e expressarmos muito mais do que no passado. Ele é a luz que ilumina cada ser humano que vem ao mundo.

Jesus disse: "Vós sois a luz do mundo... Assim também brilhe a vossa luz diante das pessoas, para que vejam as vossas boas obras..." (Mt 5: 14-16) Esse é o divino fogo da vida, a energia que arde dentro de nós e que nunca nos queimará ou matará.

Quando lemos histórias como a da sarça ardente, um acontecimento improvável e impossível de ocorrer dentro das leis da natureza, devemos entendê-lo como um alerta de que estamos diante de uma metáfora. A verdade está sendo ensinada por meio de uma parábola, símbolo, alegoria ou mito.

Muitos livros sagrados de várias regiões do mundo afirmam que cada ser humano — homem, mulher, menino, menina — é uma chama da fogueira divina, que é alimentada com amor e irradia nossas qualidades e potencial. A percepção de que temos em nosso interior uma chama divina nos dá a certeza de que podemos enfrentar o futuro com segurança e equilíbrio. A Verdade é inspiradora e pragmática, gera resultados, as "boas obras", o "bem" da Bíblia, do Corão, dos textos sagrados orientais e dos filósofos de todas as épocas.

Em essência, existem apenas duas maneiras de encarar o futuro: com medo e com fé nos princípios universais e infinitos que jamais variam ou se modificam. O medo resulta basicamente da sensação de que somos pecadores ou indignos de recebermos as bênçãos do Criador. A fé reflete a confiança que temos na presença do Deus Interior, que está sempre pronto a atender nossos pedidos, desde que saibamos nos ligar a Ele.

No livro do Êxodo, a Bíblia conta que certo dia Moisés entrou no deserto com suas ovelhas e chegou ao monte de Deus, o Horeb. Apareceu-lhe o anjo (mensageiro) do Senhor numa chama de fogo, no meio de uma sarça. Moisés notou que o arbusto estava em chamas, mas não se consumia. Pensou: "Vou aproximar-me para admirar essa visão maravilhosa." Vendo o Senhor que Moisés se aproximava para observar, chamou-o do meio da sarça. Moisés virou-se para o lado e respondeu: "Aqui estou" (aberto e receptivo, pronto para ouvir, para tentar de novo). Deus lhe disse: "(...) Tira as sandálias dos pés porque o lugar onde estás é uma terra sagrada."

Nosso atual estado de conscientização é a "terra sagrada", nosso ponto de partida, nosso início. Todos fomos ensinados e aconselhados a aprender mais, ler mais livros, fazer muitos cursos, assistir palestras e seminários dados por pessoas de renome. É óbvio que esse conhecimento é útil, mas temos de "nos virar para Deus" no sentido de não darmos ouvidos ao que os outros dizem, de não dependermos das suas percepções para escolhermos nossos próprios conceitos e opiniões. O deserto onde está o monte Horeb representa nosso estado de espírito depois de esgotarmos nossos recursos, quando não mais encontrarmos consolo apesar de nossa bagagem cultural, quando sentimos uma aridez espiritual e uma carência de esperança e respostas para nossas súplicas.

O deserto, em termos de metáfora, descreve nosso estado de compreensão quando perdemos a sensação de proximidade com a real fonte da nossa vida, quando não conseguimos sentir ou imaginar as águas vivas de Deus sob a forma de inspiração, intuição, imaginação, entusiasmo e esperança. Esse estado mental é recorrente e periódico, mas não devemos temê-lo. Também não é certo ficarmos apenas desejando a esperança e a verdade. Isso está implícito no chamado de Moisés, quando o Senhor lhe diz: "(...) o lugar onde estás é uma terra sagrada."

Entenda a metáfora do deserto bíblico. Ele é um lugar de repouso, onde reina o silêncio, para onde nos dirigimos para escapar do burburinho, confusão, barulho e das complexidades de um mundo atribulado que muitas vezes gera depressão. Na solidão do deserto podemos examinar a torrente dos nossos pensamentos com calma e certamente nos surpreenderemos ao descobrir que muitos deles estão voltados para um passado cheio de arrependimentos e um futuro incerto.

Os filósofos, psicólogos e religiosos há anos vêm nos aconselhando a viver no presente, mas poucos seguem sua orientação. Estamos constantemente ligados aos fracassos passados e ao medo do futuro, sem entender que estamos *sempre vivendo no momento presente* e não temos como mudar essa realidade. Quando nos preocupamos com o futuro ou olhamos para o passado com remorso, estamos pensando aqui e agora. O passado é uma série de velhas cenas e acontecimentos que trazemos ao momento presente e o futuro é nossa atual preocupação com o que talvez nunca venha a acontecer. É o *presente* que determina se somos felizes ou infelizes. Viva o dia de hoje.

Não importa nosso presente estado de espírito ou as circunstâncias que estamos vivenciando, quando aceitamos na mente mais profunda que, havendo uma combinação de imaginação e emoção, surge a consciência criativa, descobrimos com alma, mente e espírito que não somos vítimas subservientes das opiniões, temores ou preconceitos que herdamos do mundo e dos outros, doutrinações erradas que inibem o imenso poder criativo que existe dentro de nós.

Ao virar para contemplar com admiração o arbusto em chamas, mas que não queimava, Moisés representa a conscientização de que o mundo material, com todos os seus acontecimentos (a sarça), é criado pela nossa mente, por isso não pode ser consumido pelo fogo. As chamas e a luz representam a energia que está dentro de nós, desejando se expressar por intermédio da nossa percepção, criando uma nova vida.

Precisamos "tirar as sandálias", o que significa nos livrar das vestes que encobrem nosso "eu" criativo, que foram tecidas pelos preconceitos, opiniões e ideias errôneas que abrigamos em nosso coração, que nos impedem de entrar em contato com a "terra sagrada", nossa mente subconsciente, onde tudo é criado.

Veja como a Bíblia é um livro que apresenta os grandes princípios da vida numa linguagem metafórica. Quando aprendemos sua maneira de nos mostrar a verdade, estamos elucidando muitos mal-entendidos e confusões que resultam da interpretação literal da linguagem mística.

Os "pés" representam nossa base, apoio, são os símbolos da nossa compreensão, de nossos insights e atitudes. Parados e em pé como Moisés diante da sarça ardente, conseguimos tempo, na verdade, *criamos* tempo para perguntar a nós mesmos: "Onde estou parado agora? Sobre o que devo me apoiar? Formei o chão onde estou em pé com minhas crenças sobre mim mesmo, sobre os outros, sobre o mundo, sobre Deus? O que poderia estar prejudicando a realização dos meus desejos?"

Moisés expressou sua disposição de ouvir Deus ao exclamar: "Aqui estou!" É como se ele dissesse: "No meu atual estado de conscientização, estou disposto a aceitar minha responsabilidade na criação do meu destino." Como o profeta, que criou para si o destino de libertar o povo de Israel e conduzi-lo para a terra prometida, quando compreendemos e aceitamos que temos dentro de nós o controle de nosso destino, sorte, sina, futuro, estamos nos conscientizando de que poderemos realizar nossos sonhos agindo em sintonia com a presença viva do Deus amoroso. É isso que o futuro nos reserva: uma vida muito melhor do que temos agora.

A palavra "sina" usada para designar o que encontraremos no futuro costuma ser usada com uma conotação maléfica, prevendo momentos difíceis em nossa vida. Entretanto, essa ideia foi criada pelos próprios seres humanos que, sem saber da verdade, acreditam que nosso destino é determinado por uma deidade irada, que nos castiga pelos nossos supostos pecados. Somos nós mesmos que decretamos o que acontece em nossa vida.

Deus nos deu tudo o que é bom e necessário para nossa sobrevivência neste planeta. Cabe a nós tomarmos consciência desse fato e aprendermos a nos tornar bons receptores, e aceitarmos a responsabilidade de eliminar de nossa mente consciente, racional, tudo o que é contrário e que se opõe à concretização do nosso desejo, a "terra prometida".

A prece e a meditação nos ajudarão a evitar que sejamos invadidos pelo rancor, raiva, ressentimento e desejo de vingança.

Mas, se isso ocorrer, o remédio é ficar imóvel, com os pés firmes no chão, voltarmos a atenção para a luz divina e repousarmos no conhecimento de que existe um melhor caminho. Perdoe-se pelos maus sentimentos e deixe-os sair da sua mente, dê-lhes a liberdade. Deixe a Mente Superior agir para não sermos novamente infectados por eles. Ouça a voz saindo da sarça ardente: "Eu vi a opressão de meus filhos, ouvi os gritos de aflição... Vim para libertá-los e levá-los para uma terra boa e espaçosa, onde corre leite e mel..."

Moisés foi indicado para conduzir seu povo e então pediu à Voz para se identificar, para poder contar aos seus por ordem de quem iria lançar-se nessa missão. Deus respondeu: "EU SOU O QUE EU SOU. E acrescentou: 'Assim responderás aos israelitas: EU SOU envia-me a vós... EU SOU O SENHOR...'"

Essa passagem serve para enfatizar o importante fato de que a Bíblia trata muito mais de princípios do que de personalidades. EU SOU é a declaração do ser consciente, que tantas e tantas vezes repetimos. Lembre-se da afirmação de Jesus: "EU SOU o caminho, a verdade e a vida."

Quando você diz EU SOU, está na presença do Deus vivo que habita seu interior. EU SOU O QUE EU SOU. A expressão "O QUE" indica o que você quer, deseja e gostaria de ser. O segundo EU SOU significa as preces atendidas, a realização do desejo, a inspiração.

EU SOU é o hindu *Arum*, que significa viver no estado de espírito e com a atitude de que agora EU SOU o que anseio ser. A percepção de que se o Deus que eu adoro é EU SOU, somente por intermédio do que eu sou posso ser adorado (ser merecedor). O que você está dizendo quando fala EU SOU?

Você diz: "Eu sou medroso, doente, pobre e infeliz? Ou você para o que está fazendo e pensando, e afirma: "Eu sou um filho da Presença Viva e Amorosa. Estou destinado a me tornar ainda maior e melhor. Sou divinamente guiado para meu lugar ideal na vida, onde poderei me expressar com minhas mais elevadas faculdades e me tornar uma bênção para mim mesmo, meus entes queridos e para a humanidade. Eu sou o ponto alto do mundo. Eu sou está conosco e dentro de nós. A quem poderei temer?"

Decida eliminar do seu vocabulário as afirmações: "Eu sou pobre, ignorante, infeliz etc." Falando assim, estamos negando o ideal que *desejamos* ver realizado. Mesmo que para seu atual grau de entendimento eu sou ainda não é mais do que uma centelha, atice-a com o ar fresco da confiança e da certeza de que ela existe em seu interior e eu sou se tornará uma chama viva, uma fogueira de energia que iluminará todas as suas atividades e que *sempre* iluminará seu caminho. Deus é eterno, não tem idade ou tempo. Ele sabe que ontem é apenas a memória no dia de hoje e que amanhã será o sonho de hoje. Aprenda a abraçar o passado com tranquila lembrança e o futuro com uma amorosa e confiante espera.

Devemos repetir milhares de vezes por dia: "Eu sou Vós sempre." E ouça em resposta: "Tu és meu filho amado e tudo o que tenho é teu."

Com essa crença você vencerá a pobreza e a carência, e terá fé no seu sucesso. Eliminará da sua mente todos os pensamentos de limitação e programará seu subconsciente para gerar um futuro de bem-estar, prosperidade e abundância.

Resumo do capítulo

- Em muitos dos livros sagrados do mundo encontramos a afirmação de que cada homem, mulher, menino ou menina é uma chama da fogueira divina, que brilha e irradia possibilidades e potencial que devem ser estimulados, e que essa divindade interior é infinitamente sábia e amorosa, se preocupa com seus filhos e está sempre cuidando deles.
- Só existem duas maneiras de pensarmos no futuro: com medo ou com fé e confiança nos princípios universais e infinitos que jamais mudam. Nossas ideias e percepções sobre o futuro criam a diferença entre medo (a sensação de que somos indignos ou não merecedores) e confiança nos maravilhosos talentos e nobres ideais que estão no interior de todos os seres humanos.
- Quando compreendemos e aceitamos que temos dentro de nós o controle sobre nosso destino, sina, fortuna e futuro, encontraremos a cura de nossos males e a realização dos nossos desejos pela conscientização da presença do Deus Vivo e Amoroso em nosso ser. Isso é o que nos aguarda no futuro: uma vida muito melhor do que conhecemos agora.
- Decida eliminar do seu vocabulário as afirmações: "Eu sou medroso, pobre etc." Assim falando estamos negando o próprio ideal que desejamos expressar. Atice a centelha do conhecimento da presença de Deus com o ar da confiança. Contemple EU SOU dentro do seu ser e a centelha se tornará uma chama, uma fogueira interior que iluminará todas as

suas atividades, que estará sempre iluminando seu caminho. Ontem é apenas a memória de hoje e o amanhã é o sonho de hoje. Abracemos o passado com tranquila lembrança e o futuro com uma carinhosa espera.

Este livro foi composto na tipografia
Adobe Garamond Pro em corpo 11/15, e impresso
em papel off-white no Sistema Cameron da
Divisão Gráfica da Distribuidora Record.